Curling Girls

カーリングガールズ

~2010年 バンクーバーへ、新生チーム青森の第一歩~

PERFORMANCEBRUSH

C
JAL 先得
1 2 3 4 5 6 7 8 9 10 11
CHN 0 0 1 0 0
0 0 0 0 1

1 2 3 4 5 6 7 8 9
0 1 0 0
1 0 2 3
1
6

TERADA

PROTOCOL TECHNOLOGIES
SCORE 1 2 3 4 5
TEAM CHINA

JAL

AUS

祝
トリノオリンピック出場
おめでとうございます
目黒萌絵さん　寺田桜子さん
2006トリノオリンピック
カーリング日本女子

SCORE 1 2 3 4 5
TEAM CHINA
ERNON'S WATER STORE

TEAM CHINA
VERNON'S WATER STORE

MOTOHASHI
JAPAN
TERADA

2006トリノオリンピック
カーリング日本女子

長野の聖火 大きな感動

TOKORO
CURLING HALL
TERADA
YAMAURA
MEGURO

KOR 0
TPE 0
00 00
JAPAN

NZL
TPE
CHN
N CAMPBELL
NEW ZEALAND
JAPAN

Coca-Cola
RE/MAX Vernon
SCORE 1 2 3 4 5 6 7 8 9 10 11
SCORE 1 2 3 4 5 6 7 8 9 10 11

4 5 6 9 10 11 TOTAL
Mizuno 1 2 3 6 7 8 9 10 11 TOTAL
JAPAN
JAPAN

CLASSIC
TIRE
Olson
SCOTT

TERADA
MEGURO

ROAD
CLOSED
YAMAURA

SCORE 1 2 3 4 5 6 7 8 9 10 11 12
SCORE 1 2 3 4 5 6 7 8 9 10 11 12
YAMAURA

Curling Girls

カーリングガールズ

～2010年 バンクーバーへ、新生チーム青森の第一歩～

Curling Girls

CONTENTS

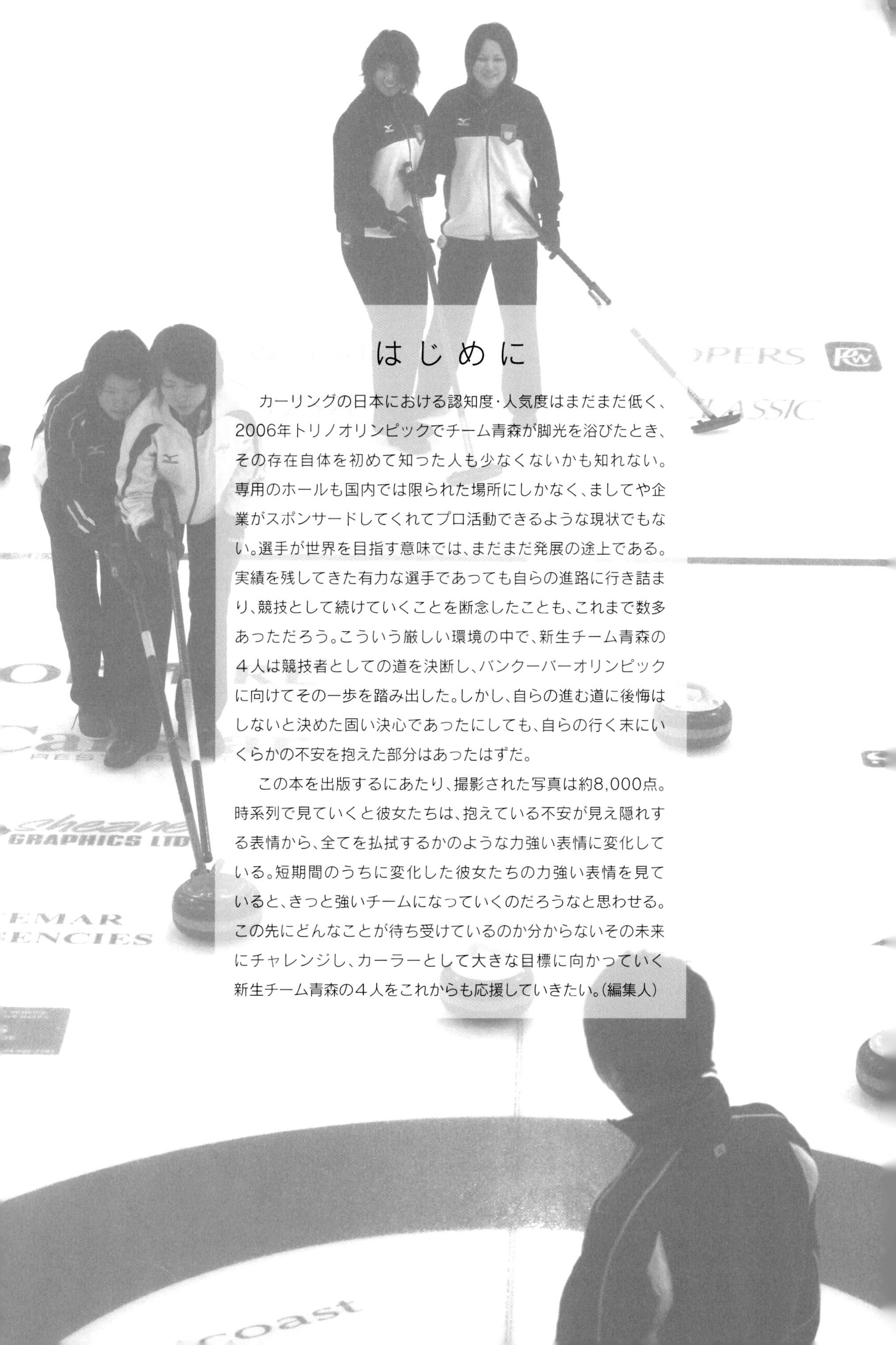

はじめに

カーリングの日本における認知度・人気度はまだまだ低く、2006年トリノオリンピックでチーム青森が脚光を浴びたとき、その存在自体を初めて知った人も少なくないかも知れない。専用のホールも国内では限られた場所にしかなく、ましてや企業がスポンサードしてくれてプロ活動できるような現状でもない。選手が世界を目指す意味では、まだまだ発展の途上である。実績を残してきた有力な選手であっても自らの進路に行き詰まり、競技として続けていくことを断念したことも、これまで数多あっただろう。こういう厳しい環境の中で、新生チーム青森の４人は競技者としての道を決断し、バンクーバーオリンピックに向けてその一歩を踏み出した。しかし、自らの進む道に後悔はしないと決めた固い決心であったにしても、自らの行く末にいくらかの不安を抱えた部分はあったはずだ。

この本を出版するにあたり、撮影された写真は約8,000点。時系列で見ていくと彼女たちは、抱えている不安が見え隠れする表情から、全てを払拭するかのような力強い表情に変化している。短期間のうちに変化した彼女たちの力強い表情を見ていると、きっと強いチームになっていくのだろうなと思わせる。この先にどんなことが待ち受けているのか分からないその未来にチャレンジし、カーラーとして大きな目標に向かっていく新生チーム青森の４人をこれからも応援していきたい。（編集人）

常呂町カーリングホール

新生チーム青森の誕生

それは、新たな4年間の始まる船出のシーズンに訪れた、どうしても突破しておかなければならない関門だった。2007年世界女子カーリング選手権の代表切符を懸けたチーム長野との5番勝負。2006年12月16、17の2日間で行われた決戦の場は、オホーツク海を臨む北海道北東部、サロマ湖に寄り添う北見市常呂町《ところ》だ。流氷が遠くシベリアからの便りを届けるような豊かな自然がホタテ、カキといった恵みをもたらし、その滋養も身になったか、優れたカーラーの有数の産地ともなっている。日本におけるカーリングのメッカは、新生チーム青森の大事な晴れ舞台に用意されていた。

　カーラーとしての意地が激しく交錯した攻防は、最終ラウンドにまでもつれ込む神経戦に発展していた。手中に収めかけた勝機も、気まぐれな勝利の女神の采配一つで、すぐさま掌《てのひら》からこぼれ落ちそうになる。そうやって初日に2試合、2日目だけで3試合をこなしてきた強行日程の果てに夕刻は迫り、夜陰が足早に冬至間近の街を覆い始めていた。丸2日間に及んだ緊張から解放される時がついに訪れると、チーム青森の四人は顔を寄せ合い、声にもならない声を震わせて女神からの祝福を分かち合った。20歳代前半も前半の若い双肩にのしかかっていた重圧を振りほどき、目黒萌絵、本橋麻里、山浦麻葉、寺田桜子のメンバー一人一人から、安堵の表情が溢れた。

　じりじりとした緊迫感に包まれていた北見市常呂町カーリングホールには観客や応援団の間に「青森、よくぞ勝った」と言いたげな賞賛の表情が広がり、テレビ中継のゲストを務めながら試合を観戦していた前主将の小野寺歩も「ホッとしました。新チームの力で世界切符をつかんだことをうれしく思います」と後輩たちの成長に目を細めた。

　思えば、このカーリングという競技、あるいはチーム青森に向けられた微熱のような興奮は、小野寺と林弓枝がチームの主力としてトリノオリンピックで躍動していた10か月前から続くものだった。

　4年ぶりの世界最高峰の戦いを伝えるテレビ画面。観衆の熱気も打ち消してしまうような張り詰めた空気が一帯を満たしている。片足にスライダーなるツルツル底のシューズを履いた足元は摩擦力が極端に下がり、競技者の自由を許さぬ白い悪魔のように氷が支配している。選手は、この不安定な世界の中で確固とした安定を見出さなければならない。

　狙うは40メートルも先に描かれたハウスと呼ばれる円形の的だ。投球者は目標を見定めると、しゃがんだ姿勢から腰を起こすようにして緩やかに体全体を引く。ハンドルに手を

かけたストーンも一緒に引く。続いて打ち寄せる波のリズムのように重心をゆり戻したかと思うと、ハックと呼ばれる蹴り台にかけていた片脚を一気に、あるいは勢いを抑えて蹴り出す。ストーンを伴って身体は投げ出され、脚から腰、背中、頭、そして腕までスラリと伸びたフォームを形成しながら氷上を進む。漬物石にするには過剰に美しく磨き上げられた重さ20キロにもなる円形の物体が、右回転または左回転を与えられ、投球者の手からそっと離れる。それは投球者の思惑を乗せて氷上を滑っていく。ゲームの全権を担うスキップとブラシ操作でストーンをコントロールするスイーパーの思惑も乗せて滑っていく。いったん放たれたストーンの行方は、スキップとスイーパーの手に委ねられる。スキップはストーンのスピードと同義のウエイトと、方向を意味するラインが狙い通りか見極めて、スイーパーに「イエス!」「ウォー!」などと激しいコールで渾身《こんしん》の指示を出す。スイーパーはそれに従い、自らもウエイトの情報をスキップにコールしながら、スイーピングによってストーンを導いていく。スイーピングは、ストーンの動きをグイとねじ曲げるだけの大きな作用力を持っているのだ。こうして4人の力が結集されて、一つのショットは完結する。

シートに立つ選手は1チーム4人だ。5人目の選手たるリザーブは選手とコーチのサポートをしながら、出番に備える。チーム青森は、最初に投げるリードが主に目黒、次のセカンドが本橋、3番目のサードが林、最後を締めるエースのスキップが小野寺、リザーブの寺田も何度かリードで氷上に立った。

1人2投を持ち、敵味方交互に合計16個のストーンを投じて1エンドの決着が付く。オリンピックや世界選手権を初めとする大きな公式大会では10エンドを戦わなければならず、約2時間30分間の試合中、集中力を維持するだけのタフさが要求される。

ハウスの中心に一番近いナンバーワンストーンをどちらが獲得するかをめぐり、敵味方を区別する赤と黄のストーンが交互に、一つ、また一つとハウスに向かって進み出た。ときにテイクアウトショットと呼ばれるウエイトの乗った投球で相手のストーンをはじき出し、ときにドロー系の微妙なタッチショットで局面を打開する。何せナンバーワンを奪われれば1点も得られず、ナンバーツー以降も相手のものなら、その分得点献上となってしまう。そのエンドを取れば、次は絶対有利な後攻の権利を明け渡さなくてはならないから、意識的に失点することも作戦のうちであり、先攻のエンドは1点取らせて、後攻のエンドで2点を奪いにいくのがセオリーだ。そうして、「氷上のチェス」とも表現されるカーリングの戦場は、さながら相手を追い落とす戦略と権謀《けんぼう》術数《じゅつすう》に満ちた盤面と化す。受像機の向こう側で、小野寺が、林が、考え得るだけの可能性を検討する頭脳戦を繰り広げている。

だが、単に駒を動かすだけの机上のゲームとは違うから、頭に思い描いたプランを現実のものにしていくのはあくまでショットだ。ストーンが狙い通りの軌跡を描かなければ、完壁に練り上げたはずのプランも変更を余儀なくされる。ライン、ウエイト。精度の要求水準は、場合によっては数センチの単位にもなる。その可能性を見切った戦略こそが成功に導かれ、ミスを見越した第2、第3の戦略は常に出番の可能性がある。優れたショットと優れた戦略は互いを求め合う。ナイスショットにナイスショットで応じ、ここぞのスーパーショットが勝敗の行方を大きく動かしてしまうのがカーリングの醍醐味なのだ。

小野寺歩さん

テレビカメラがゆっくりと真正面から、日本女子代表の顔を捉えた。身体と精神と頭脳のすべてを駆使したせめぎ合いの中で、ターゲットストーンを一心に見つめるその瞳が観る者の感情を揺さぶる。持てる力の限りを尽くそうという潔《いさぎよ》さが宿った戦う女性の相貌《そうぼう》は美しく、日本人の多くが恋をした。結果は予選リーグ4勝5敗、目標だった決勝トーナメント進出を逃しての7位だった。だが、その中には、前回金メダルのイギリス、強豪カナダからの勝利があり、金メダルを獲得したスウェーデンに対してもあと一歩のところまで追い詰める好ゲームを見せてくれた。カーリングの興奮を伝えてくれたチーム青森に「カーリング娘。」との愛称までも与えて、列島は少しばかりざわついたのだった。

帰国後も彼女たちの動向は、衆目《しゅうもく》を浴びることになった。マスコミの取材攻勢は戸惑うほどで、中にはスポーツ報道とは別種のものもあったという。

間を置かず行われた日本選手権では、観客収容数が限られていたとはいえ、会場の青森市スポーツ会館には入り切れないほどのファンが詰め掛けた。疲れの抜け切らない調整不足の体で戦わざるを得ず、小野寺、林、本橋の後輩に当たるチーム常呂中学校に予選で足元をすくわれるという落とし穴もあった。だが、最終的にはライバル、チーム長野を下して優勝。改めて実力の高さを示し、「4年後もこのメンバーで」との期待が否応なく高まった。

ところが5月、去就に注目の集まっていた小野寺と林が「いったん外からカーリングを眺めてみたい」とチームから離れることを宣言する。競技者としてのあり方、支援してくれた人々への感謝の気持ち、人生設計…。小野寺には結婚を約束し北海道で待っている人もいた。トリノから3カ月目、こもごもをひっくるめて導き出した答えだった。トリノ以降の期間は、目黒、本橋、寺田の若手三人にとっても悩ましい時間に違いなかった。オリンピックを2回経験し、20歳代後半になっている二人の先輩とは立場が違う。次を目指すのが自然な流れだ。だが卒業後の進路はどうする？　青森に残るのか、地元の北海道に戻るのか？　何より、自分の心は本当にこの4年間をバンクーバーに懸けようとしているのか？　自問の日々は続いた。目黒は寺田とじっくりと話し合い、気持ちの固まる時が来るのを待った。寺田はトリノの結果を評価されても胸の中に引っかかるものが残っていた。本橋は周囲に流されるままにバンクーバーを目指すのではない、自分自身で立てた目標に向かうのだと考えていた。

林弓枝さん

さらにそれは、自らの競技者としてのキャリアを中断してチームを見ていた阿部晋也コーチにとっても同じ懸案だった。トリノを区切りにするという選択肢もあった一方で、「一連の流れを見てきたのは自分だけであり、何とかしてやりたい」という気持ちも紛れもないものだった。やるのかやらないのか。選手から欲しかったのは、その明確な意思だけだった。「個人としてどうしたいのか、チームとしてどうしたらいいか、考えがまとまったら持って来い」。阿部コーチは、三人にそれだけを指示した。

阿部晋也コーチ

佐藤健一チーム代表(青森市助役)

3月下旬のある日、阿部コーチの自宅に目黒、本橋、寺田の三人が集まった。それは、まだ上の二人の進退がはっきりしない時期だったが、阿部コーチの前で三人ははっきりと意思表示した。

「私たちはやりたい」

そこには、先輩に引っ張ってもらったトリノまでとは違う形で、自分たちの足で立ってやり抜くのだという覚悟めいた意識の高まりがあっただろうか。その言葉を聞きながら、阿部コーチは「ああ、これは確かにやりたいんだろうな。このままでは満足いかない、もっと上を目指したいという気持ちだな」と感じていた。であるならば、答えは一つしかない。「先輩二人が残るにしても残らないにしても、どちらに転んでもいいように、体制を作ろう」。阿部コーチの逡巡《しゅんじゅん》もそこまでであり、その場の話し合いは、すぐに次のステップへと進んで行った。続けるなら支援を惜しまないという青森県カーリング協会の変わらぬ姿勢も、選手には心強かったに違いない。青森市助役でもある佐藤健一チーム代表は「万全の環境を整える用意をしている」ことを選手に伝えた。

一方で、スケジュール上から言ってもチームの体制は早急に確立しなければならないため、小野寺と林が抜ける可能性も視野に収めた對馬忠雄会長ら協会首脳は、水面下で後任選手の選定作業に着手していた。阿部コーチら現場もそれに参加し、浮かび上がってきた第一候補が長野県出身の山浦麻葉だった。大きなタイトルはなかったが、北海道と並んで強化の進む地域で力を蓄えていた。何より、バンクーバーを目指すという、メンバーと変わらない意識を持っていたことが買われた。阿部コーチは「このチームに入るには、他のことを犠牲にしてカーリングに専念できる気持ちがないとだめ。その意味で山浦は打ってつけでした」と白羽の矢を立てた理由を語った。山浦本人には、小野寺と林の発表が終わった時点で、阿部コーチが正式に誘いの電話をかけた。回答期限はわずか1週間だったが、山浦は「ぜひ、お願いします」と返事を寄こして来た。

これで、これまで全員が北海道出身だったチーム青森に長野県からの新風が吹き込み、ほぼ同年代というメンバー構成に様

石田順一青森県カーリング協会事務局長

変わりした。06年度の誕生日の時点で言って、本橋が短大2年の20歳、残りの三人は大学4年の22歳。目黒と寺田はともに上川管内南富良野町が地元で、小学4年からずっと一緒にプレーしてきた。氷の外も含めて酸いも甘いも知り尽くした間柄だ。

スキップを任されることになった目黒だが、本来のポジションに戻ったというのが正しい。05年の日本選手権の2週間前に右足を骨折して小野寺にバトンタッチするまでは、前チーム青森でもそうだった。

寺田は心優しい気くばりの人で、トリノオリンピックでもチームの気持ちを盛り立てるための重要な役割を果たしてきた。周囲から異論が出るはずもなく、本人の自覚も自然と芽生えた結果の主将就任だった。それだけに、リードオフマンとしての彼女も、きっと後ろの三人に気持ちをつなぐ土台作りをやってくれる。

「マリリン」の呼び名で一躍人気者となった本橋は、明るく奔放な性格そのままのプレーがすがすがしい。出身地の旧網走管内常呂町（現・北見市常呂町）では、小野寺や林らに続く逸材としてジュニア時代からセンスを光らせていた。橋渡し役であり、難度の高いショットも要求されるサードをこなすことによって、今後、本橋の新たな良さが引き出されて来るかもしれない。

山浦は北海道と並ぶカーリング先進地の長野県で力を蓄えてきた。地元御代田町《みよたまち》と隣の軽井沢町のチームで競技を続けながら、自らの目指すスタイルを膨らませてきた。それを青森の地で開花させるつもりだ。パワーショットの獲得に積極的であり、試合の流れを引き寄せるセカンドの仕事で実力発揮の期待が高まっている。

走り出した夏

4年後のバンクーバーオリンピックを目指すという意思を固め、新生チーム青森は2006年6月に始動した。9月まで月1回のペースで合宿が行われ、遠方に住む山浦も駆けつけて、四人が顔をそろえた。

氷に乗ることのできない夏場にまずやるべきことはフィジカル面の強化だ。身体作りは持てる技術を十分に表現するためのアスリートとしての土台であり、その重要性はレベルが上がるほど増していく。精度の高さを支えるブレのないデリバリーのため。パワーショットを手にして優位に立つため。2時間半続く試合の終盤まで集中力を維持するためにも体力は必要だ。

その辺りを認識しているチーム青森は、前チーム時代から強化スタッフとして迎えているフィジカルトレーニングの専門家、国立スポーツ科学センターの高橋小夜利トレーナーに指導を仰ぎ、肉体改造に取り組んだ。高橋トレーナーの作成した合理的なメニューに従って、合宿は着々と進行していき、それ以外の期間も同様に自主トレーニングを繰り返していた。

合宿場所に選んだのは、青森市内から浅虫温泉方面に車で30分ほど走った新青森県総合運動公園、通称・青い森アリーナだ。広大な敷地にさまざまな競技のできる施設と宿泊機能を備えており、トレーニンググルームは筋力トレーニングマシンから有酸素系マシン、バランスボールなどの補助器具まで充実している。

メニューは基本的に四人共通だが、細かい部分でそれぞれの身体特性やその時の状態に合わせたものが用意された。高橋トレーナーが重視したのは、カーラーとしてのベースとなる部分。フォームを安定させる体幹の筋力アップと長時間の試合に耐えられる基礎体力の養成だ。無酸素系と有酸素系のいずれかを1日おきの重点課題とした。ウエイトマシンは使わず自重による方法で腹筋、背筋、股関節周りの筋肉に負荷をかけ、バランスボールなどの用具も駆使し、30分から50分のランニングも集中的に取り組んだ。

　高橋トレーナーは「カーリングは静的な動き、動的な動きと、いろいろな要素を含むスポーツ。アイスの上はとても滑りやすいので、体のブレを抑えるための体の中心の筋肉が必要です」と狙いを話す。また、「プレーで体の左右のアンバランスを生むので、それを補うストレッチもさせています」と言うように、「サッカーのブラジル体操のような」オリジナルの体操を15種類ほど考案し、ウオーミングアップの際などに取り入れさせた。

　午後5時までトレーニングをした後、夜は毎日2時間をミーティングの時間に費やした。狙いは、新チーム全体を貫く共通意識を構築すること。4年間の長期計画の中で、まずアスリート集団としての高い意識づくりが欠かせないと考えていた阿部晋也コーチは、最初からポジティブな意見を出すように選手に指示していた。その効果はすぐに表れ、戦術面の話をしていても、個々の

選手が自分のイメージを持ち、それをチームに伝えようとしていたという。
　主将としての責任を自覚した寺田桜子は積極的にチームに働きかけるようになり、本橋麻里は「言いたいことを言い合えるチームは競技性が高い。その雰囲気が作れています」と笑顔を見せた。山浦麻葉もすっかりチームの一員になって「みんながリーダーシップを取っていてやりやすいです」と良い感触をつかんでいた。阿部コーチは「良いチームを作りたい意欲があるから、遠慮なしに選手から提案を受けることが増えた」と評価した。議論は充実し、ときに就寝直前の午後10時までかかることもあったという。

9月13日は、カナダ遠征前の最後となる4回目の合宿の最終日だった。午前中に日程を終えるため少ない分量だったが、スイープのインターバル練習を中心に汗を流した。素人目には分かりにくいものだが、カーリングにおけるスイープの重要度はとても高い。デリバリーされたストーンをどの位置まで届かせるか届かせないのか。どれだけ曲げるか曲げないのか。その調整幅は、スイープのパワーと技術によって大きな差が開く。また、スイープを終えて間もなく自分の投球の番が回ってくるから、その時点までにできるだけ心拍数を落とし、疲労が回復した状態に持っていくことが求められる。いきおい、トレーニングには熱が入るのだ。

メニューは、ハーフタイムまで連続する5エンドを想定したもので、20秒のスイーピングと1分の休息を基本にインターバルを繰り返した。選手は心拍数を計測するハートレートモニターという機器を腰に巻いており、スイープ直後と1分後の数値を記録していく。体を追い込む練習だから、選

手はかなりきつい。開始してすぐに玉の汗が吹き出している。息は上がり、回数を重ねるごとに体内に溜まった乳酸が腕の動きを鈍らせていくのが分かる。タイム計測している選手から「がんばー、（ペースが）落ちてるよー」とかけ声がかかった。それに応えるように再度全身のアクセルが踏まれた。

阿部コーチと高橋トレーナーは、今後もフィジカルトレーニングを重視していく方針で、4年間をかけて段階的にレベルを上げていく。高橋トレーナーは「シーズン中もある程度のトレーニングメニューを入れておいて、次のオフには強度を増した内容で基礎体力と筋力を上げる」と計画している。

カーリングの国、カナダへの遠征

9月末のカナダ西海岸、バンクーバーの空は、近いうちにやって来るだろう雨季を控えて、温暖な季節を名残り惜しむかのように連日晴れ渡っていた。からりと澄み切ったスカイブルーを射抜いて、明るい日差しがひと際透明な輝きを放っており、これをインディアン・サマーと言うのか、秋風がなりを潜めた汗ばむくらいの陽気が訪問者を喜ばせる。

そんな明るい光に包まれた北米大陸の空も山並みも街も、チーム青森のメンバーにとっては見慣れた風景だ。ジュニア時代から国際大会をこなしてきた目黒萌絵、本橋麻里、寺田桜子の三人は幾度も合宿を行い、これまで日本代表経験のない山浦麻葉も3度目の武者修行の場となる。これからしばらくは続くことになる好天は、彼女たちの大事なスタートを激励しているようでもあり、まずは1カ月間の生活に心地良さをもたらした。

バンクーバーの街の様子からは、3年後の五輪開催地であることを匂わせる空気も少しばかり伝わってくる。バンクーバー市街地では、郊外地区までを貫いている公共交通の大動脈、スカイ・トレインを空港にも伸ばそうと工事車両がせわしない音を立てていたし、ビジネス街に隣接するバラード入り江沿岸のメディアセンター予定地では、幾本ものクレーンが首を振っていた。開閉会式の会場となるB・Cプレイスは、ロブソン通りの突き当たりで悠然と白い巨大ドームを構えている。

練習拠点となるロイヤル・シティー・カーリング・クラブは、バンクーバー郊外のバーナビー地区にあった。クラブの周辺は閑静な住宅街という風情で、赤い瓦屋根に白い板張りでかたどられたような、いかにもカナダらしいおしゃれな一戸建ての家並みが風景に溶け込んでいる。スカイ・トレインの最寄りの駅との間には、敷地はどれくらいになるのだろう、広々として草木がこんもりと茂る公園、クイーンズ・パークがあった。散策路をぼんやり歩けば、柴色《ふしいろ》をしたリスがひょっこりと顔を出した。生活にゆとりと潤いをもたらしてくれるじゃないか。ここらの住民が羨《うらや》ましくなる。

B.C.プレイス

ロイヤルシティーカーリングクラブ

そんな異国の空気を吸いながら、ともかく彼女たちは氷に飢えていた。一にも二にもアイスの上に乗って、体中の筋肉という筋肉、神経という神経に新鮮な刺激を与えることが肝要だ。合宿前、寺田は「せっかく優れたスキルのチームと戦えるので、怖れずいろいろな作戦に挑戦したい。チーム内でたくさん話し合い、知識とスキルを共有してチーム全体として成長したいです」と話し、目黒は「新しいチームなのでどうなるか予想がつかないけど、たくさん試合できる。しっかり考えれば何か得られる。そのときそのときのベストを尽くしたいです」と意欲を燃やしていたものだ。

何しろ、ここはカーリングを国技とする本場中の本場。アイスはよくカールする、すなわちよく曲がる上等のものであり、押したり引いたりさまざまな戦術を試すことができる。超の付く一流チームが山といるから対戦相手にも事欠かない。日本にいては経験できない世界最先端のカーリングにありったけ触れることができる。彼女たちのカーラーの血は騒ぎ、カーリング三昧の生活にどっぷりと浸かっていった。練習や試合が終わればミーティング。自炊のための買い出しには出るが、料理だ洗濯だと身の回りのことに時間を費やせば、行動範囲はほとんど、ホールとホテルの往復になった。

フジ・ミキコーチ(右)と阿部コーチ

合宿の前半は、練習場所の重なった男子代表、チーム浅間と練習試合をする機会が多かった一方で、人生訓が教えるように、基本に立ち戻ることが強化の始まりだった。それは、カナダ国内最高ランクの指導者ライセンスを持つ一流コーチに見てもらうからこそ必要なことでもあった。このクラブに所属する日系カナダ人のフジ・ミキコーチは、以前から日本選手を教えていて、目黒、本橋、寺田はジュニア時代から知っている顔なじみだ。2000年からトリノオリンピックまで日本代表コーチも務めていた。

クラブに到着したならば、準備体操と軽いジョギングから練習は始まる。荷物を置き、ストレッチをしているかと思ったら、選手たちがいきなり外に飛び出して、四人で輪を作った。対称の位置にある手と足のバランスを取ったり、膝抱えジャンプをしたり。高橋トレーナーの考案した体操らしいが、さらにユニーク、さらにオリジナルという感じだ。何やら「ニャーニャー」とか言う、変てこりんな歌を歌いながら、両手を広げたり、脚を伸ばしたりする動きはコミカルな踊りみたいになっている。周囲の笑いも誘ってしまう愉快さだ。高橋トレーナーに後で聞いたら「自分たちでアレンジしているみたいです」と笑っていた。味気ないトレーニングも楽しく、笑いをという精神とこんな思いつきは、チーム青森ならではの飛びっ切りの明るさの表れだし、チーム一丸の気持ちをコントロールする天才じゃなかろうかと妙に感心させられる。

　この日の練習は、フォームのチェックに重きを置いているようだ。ミキコーチがビデオカメラとそれに接続されたパソコンをシートの中央付近に設置している。隣のシートでは、ターゲットストーンまでのラインを想定しているのだろうか、赤いひもをハックの辺りから向こう側のハウスまで伸ばしたりもしている。選手はゆっくりと感触を確かめるように投球を開始し、体が温まるに従い、次々とストーンを飛ばしていく。投球を終えると、例えば目黒と本橋が二人並んで互いのフォームの何かを検討している。あるいは、シャドーピッチングのように投球動作をしながら思いを巡らしている。コーチから指摘されたテーマがあるのかもしれない。首をひねっては投げる。納得しては投げる。

　ストーンはゴゴゴッーと20キロの存在感を音に変えて、瞬く間に逆サイドにたまっていった。

カメラ撮影をしっかり済ますと、両コーチと選手の全員がパソコン画面を覗き込んだ。自分の欠点を知らしめる客観的なデータとして、画像は説得力を発揮する。ミキコーチは選手の肩を抑えたりしながら、重要な指針を伝授しているようだ。チーム浅間の市村尊則は「一流チームはスーパーショットを難なく決めてくる」と話していた。世界の強豪と伍するための一発必中のショットは、きっとこういう積み重ねの中から、ヒントをつかめる時が来るのだ。

バーナビーで数日調整した後、チームはバンクーバーから車で7、8時間東へ走ったところにあるヴァーノンというマチへ移動した。観光ガイドブックに辛うじて載っている程度の大きくはない都市だ。9月28日から10月2日まで行われた「ヴァーノン・インターナショナル・カーリング・クラシック」への出場が遠征の目的だ。ミキコーチの自家用車で行く道中は、歌を歌ったりもして、賑やかなものだった。こんな時間も新しいチームの絆や信頼関係を深めるものとして流れていく。

会場のヴァーノン・カーリング・クラブは、いくつもの施設が集まった緑豊かな公園の中にあった。大会前日のクラブは、即席スタンド作りなどの会場設営のために関係者がせわしなく行き来していた。どの顔も明日から始まる我がクラブのビッグイベントが待ち遠しいと言いたげな、活気に満ちた表情だ。インターネット上のカーリング専門局による中継もあるようで、スタッフが配線を伸ばしている。ディレクター氏は会場入りした四人のキュートな大和撫子を目ざとく見つけ、さっそくカメラを向けた。

祭りを前にした期待感は、本番当日になると一気に華やいだ賑わいの渦になる。大会開始は夜になってからで、仕事を終えたカーリング好きの市民らが続々と集まってきた。出場するのは、カナダ国内各地の強豪を中心に、女子で言えば、日本、中国、韓国、ロシアもいる国際色豊かな男子19、女子18のチーム。決して広くはない会場は、選手と観客が一緒くたの状態になって、熱気が充満している。知った顔が多いのだろう。久しぶりの再会という風情で談笑する姿が選手、観客の隔てなくそこら中で見られる。2階に上がれば、人口密度はさらに上がる。カウンターにはパブがオープンしてちょっとした繁盛ぶりだ。その横では大会協賛各社の商品なども陳列されている。この辺りは果実の産地であるため、良質のカナダワインができるらしい。「イッツ・ベリー・ナイス！」と言いながら、売り子の女性が試飲グラスを差し出してくれた。うん、良い香りだ。

5日間のエンターテインメントの幕は切って落とされた。シートを見渡せる全面ガラス張りの特等席は、既にビールとつまみを片手に持った観客たちが四重五重の鈴なりで陣取っている。なるほど、メジャーリーグのボールパークよろしく、徹底的にカーリングを楽しもうという魂胆だろう。ひいきのチームがナイスショットを決めて大きな歓声が沸き、ミスに落胆の声が上がる。だが、それだけでないところが面白い。この競技の何たるかを知り尽くしたつわものたちが、老いも若きも物知り顔であーだ、こーだの戦術分析に花を咲かせている。これはいかにも酒場の余興に持って来いの、カーリングならではの楽しみ方なのだろう。カーリングというものが体の芯まで浸透し、スポーツ文化がしごく自然に根を下ろしている。そのうち、マイクパフォーマンスの音頭で、どのチームが勝つかのギャンブルゲームまで始まり、会場はいよいよ活気づいた。

中国チーム

ヴァーノン・カーリング・クラブ

チーム青森は本場の雰囲気の中、3日間で予選の5試合を戦った。出足は良かった。5チームの中では最も戦いやすいとみられたバンクーバーのチームに初戦で勝利。だが、その後は、02年ソルトレークシティーオリンピック銅メダルのチームにずるずると引き離されて3—7で負けるなど、1勝4敗のグループ最下位だった。だが最初の氷上合宿を組んでいるこの時点において、結果そのものに大きな意味はない。むしろ、世界大会上位の実力のチームがわんさかいるという高水準のカナダ勢とまみえ、その一投一投から何を学び取ったのかにこそ、今後がかかってくる。

銅メダルチームと並んで予選4勝1敗のカルガリーチームと戦った第2試合などは、リードされても食らい付き、最終8エンドまで結果の分からない勢いを感じさせた。そして、その感触が冷めないうちにというふうに、ホール内ですぐさまミーティングを始める。ゲーム内容に少し自信が持てたか、皆、生き生きとした表情だ。開口一番、本橋が「ラインフォーカス出直しまーす」

と、茶目っ気に包んで反省を口にすれば、ミキコーチが「今日の試合はプレーが変わった」と笑顔を見せ、話し合いは自然と熱を帯びていく。戦術とショットの詳細を検討しているようだ。阿部コーチが「ここに置けばガード兼攻めの起点になる」と解き、力の入ったミキコーチが目黒に「You have to learn…」と英語で語りかけたり、本橋にどこかの場面を指して「グッドストーン」と褒めたりもする。選手も全員が真剣であり目を輝かせていて、ポンポンと意見を上げる。寺田は目黒に「ここはこうした方がいい」と気兼ねなく言い、山浦は自分の理解と異なるコーチの説明に繰り返し疑問をぶつけた。試合の興奮がそのまま知的興奮を呼んでいる感じだ。議論が深まった後半では「次、頑張るぞー。1ゲームごとに成長できるかな」（本橋）、「ショットだショットだ」（目黒）というような、チームに元気を植え付ける言葉が飛び出していた。

こうしたミーティングは夜のホテルでも逐次行われたという。夏合宿でもそうだったし、出発前から意識を高めていたように、ミーティングは新しいチームの結び付きを強めるための手段としても大いに機能した。戦術の検討という大命題をどうにかするのはむろんのこと、そういうことをテーマに話し合うこと自体が一つの意義になっていた。

予選敗退で早めにヴァーノンを辞去したチームは、いったんバーナビーに戻って練習をした後、カルガリー、メディスンハット、カムループスでの3大会を転戦して回った。予選を通過することはなかったが、最後のカムループスでは、決勝トーナメント進出にあと1勝のところまで勝ち星を積み重ねた。帰国後、阿部コーチは「後半は結果も付いてきたし、内容も良くなりました。もちろん足りないことは多いが、チームとしてまとまってきました」と語った。選手にとっても収穫ありだったようで、目黒はパシフィック選手権前の会見で「カナダ合宿の後半はミーティングを重ねていろいろと詰められた。ショットの面でも作戦面でもどちらも精度が上がりました」と手応えを口にした。ほかの3人も「ショットが決まってきて、作戦の幅も広がってきました」(本橋)、「コミュニケーション力が向上して、それぞれの役割を自覚して自分がどうしたらうまく機能するかだいぶ分かってきました」(寺田)、「カナダでは自分の思い描いていたカーリングが当たり前という展開で、自分の見ていた世界が狭かった、世界のレベルは先を行っていたと思い知りました」(山浦)と振り返っている。

初めての公式戦（パシフィック選手権）

新生チーム青森にとっての初の公式戦となったのが、２００６年11月21日から26日まで東京都西東京市のダイドードリンコアイスアリーナで開催された第16回パシフィックカーリング選手権大会だ。当初、長野県開催の方向で準備が進んでいたが、多くのファンに生で見てもらいたい、という関係者の思いが実り、東京で初の国際公式戦という試みが実施に漕ぎ着けた。アイスホッケー用リンクは、世界の四指に入るとも言われるカナダ人アイスメーカーのデイブ・マークリンガーさんの手で見事な国際基準のアイスに仕上がった。マークリンガーさんは、バーナビーのロイヤル・シティー・カーリング・クラブ所属であり、バンクーバーオリンピックでもアイスメーカーを務めるという。前日の公式練習を終えた本橋は、大勢が押し寄せているマスコミ各社のぶら下がり取材に対し、「バリエーションが増えると思うので楽しみです」と感想を述べていた。

女子の部に出場するのは、日本、中国、台湾、韓国、ニュージーランドの５カ国。オーストラリアは急遽《きょ》出場を辞退してきた。大会は、まず５カ国総当りで予選リーグを行い、上位４カ国による決勝ラウンドへ。決勝ラウンドは、予選の１位と４位、２位と３位による３回戦制の準決勝を行い、その後一発勝負の決勝戦、３位決定戦で順位が確定する。

チーム青森は、カナダから10月末に帰国した後、約１カ月間に青森と軽井沢で１度ずつ合宿を組み、この大会への準備をしてきた。前日の会見で寺田桜子は「果敢に挑戦し、内容も結果も最高にしたい」と意気込みを語っていた。だが、事はそう簡単には運ばない。格下のニュージーランドと台湾はいいとして、急速に力を付けてきた中国と韓国が、もはや日本と同じレベルに上がってきており、苦戦を強いられたのだ。

大会初日の台湾は12―1、第２日のニュージーランドは８―２でそれぞれ危なげなく退ける。中韓両国との大事な対戦は、第３日にあった。

午前は韓国戦。第４エンドに、ナンバーワンを奪う本橋麻里の絶妙のフリーズと、ヒット・アンド・ロールで３点目をもぎ取る目黒萌絵のラストショットがあって同点に追い付くが、その後じりじりと引き離されて５―９で敗れる。

それでも夜の中国戦

ダイドードリンコアイスアリーナ

vsニュージーランド

優勝を喜ぶ中国チーム

2位の韓国チーム

vs中国チーム

vs韓国チーム

vs台湾チーム

は意地を見せ、11—5で勝利をもぎ取った。試合直前のリラックスした表情と開始後の集中の切り替えがすばらしく、8エンドには目黒のレイズショットが2点を引き寄せた。阿部コーチは「うちの方がうまくつながり、フィニッシュも良かった。中国の仕掛けをうまくかわして、自滅に誘い込めた展開でした」と振り返った。

日中韓が4勝1敗で並んだ予選はドロー戦で順位を付けることになり、1位韓国、2位中国、3位日本で決勝トーナメントへ。2位と3位がぶつかる準決勝中国戦は、ストレート系のパワーショットをゴンゴンと当てられ、ショット率で上回れずに2戦とも落としてしまった。ニュージーランドとの3位決定戦は10—3でモノにし、最終順位は3位ということになった。

日本の5連覇を逃してしまった3位。この結果は、太平洋地区の女王の座を手放したことを意味しており、中国と韓国というアジアにおける新興勢力の台頭をより鮮明にさせた。今後日本は、この2カ国をリードしているという意識を捨て去らなければならなくなった。そして中国の手強さは、そのコメントにも表れていた。優勝を決めた後、「これでアジアの頂点に躍り出たことになるが、そこをどう認識しているか」との筆者の問いかけに対し、監督は「難しくはあっても、我々は世界のナンバーワンになりたい」と即座に言い切った。張ったりであれ何であれ、アジアの枠では収まらないのだという強烈な意思表示。アジアの大国の、それが真骨頂だった。

むろん、パシフィック選手権というのは世界に直結するのであって、優勝国にそう言わせるだけの価値のある大会だ。上位2チームは同じシーズンの世界選手権に出場することができる。ただ、06—07年シーズンは女子世界選手権が青森市で行われるため、日本には既に開催地出場枠が与えられていた。残り一つの権利を争うことになった他国とは、違う戦い方が許されていたと言ってもいい。立ち上げから日の浅いチーム青森は、すべての試合においてオフェンス重視のプランを試みた。すなわち、06—07年の第一関門をチーム長野との代表選考会と捉え、最終目標を世界選手権に置いているからこその、経験の蓄積を求めるスタンスだった。

ピークを持ってくることに執着しなかった結果の敗戦。阿部コーチは「具体的な技術の差はなかった。敗因はチームの完成度が高まっていなかったことに尽きる」との認識を示した。この大会でのチーム青森の戦いぶりを要約すれば、ミスに乗じる力はあるが、劣勢を挽回することはできず、ナイスショットはあるが、ミスが命取りになった、というところだろうか。ここでああだったらという、何かくすぶった感じ。だがその感じは、十分な酸素が与えられたときに赤々と燃え出せる可能性の芽でもある。随所に喝采を浴びたショットはあったし、ゲームを作れていたから、もう一つ何とかすれば失点を防げた場面も少なくなかった。一方で、プランを決めかねて持ちタイムを浪費してしまう場面もあった。勝負としては好ましくないが、この時点のチーム青森にとってはこんなことも、目の前の問題点を投げ出さず、一つ一つ手順を踏んで戦術を構築していくために、必要な作業だったのかもしれない。今のうちに、迷いをさらけ出しておくことは、次へと向かうために省略できない手続きなのだ。何かしらの課題はあぶり出されただろう。

負けた試合はショットが悪く、ショットが悪いのはフォームが乱れているからだ。特にプレッシャーのかかるショットでミスをしてしまった。トライアルではそこで決めなければならない。目黒は、1カ月後に迫ったチーム長野との戦いのために、自らの成すべき要点を心に刻んでいた。

目黒萌絵と寺田桜子のルーツをたどる

小学2年の冬を迎えた目黒萌絵の日常にカーリングが入り込んできた感覚は、ソリ滑りか雪合戦でもするのと変わりのないものだった。たまたま雪山が氷の床で、ソリが石の塊だったというに過ぎなかった。

特別だったと言えば、十勝岳連峰の麓にある南富良野町の落合地区でアウトドア学校を営む両親が、カーリングの魅力にとり付かれ、山に囲まれた広い敷地の一角に吹きさらしのシートを作ってしまったことだけだった。友人の五島富恭さんに誘われたことがきっかけで「もっと若いころに知っていればよかった」（母の敏子さん）というくらいに虜になっていた。自分が楽しみたい大人たちは、目黒と、3歳年上の長女麻耶さん、2歳年上の次女未樹さんを傍らで遊ばせたまま、カーリングに興じた。三姉妹はカーリングがどういうものか教わるでもなく、ただ氷の上で遊び、見よう見まねで石に触ったりしていた。デコボコだらけの手作りのアイスでは8歳やそこらの子供が投げても、重たい石が向こう側に届くことはなかった。

1992年から93年にかけての冬場にやっていた五島さんと目黒一家の余暇の楽しみが、すなわち、南富良野町のカーリングの歴史の始まりということになるのだが、その根を遡《さかのぼ》れば、80年の1月から2月にかけて、士別市、池田町、札幌市、苫小牧市の北海道内4カ所で行われた指導者講習会にたどり着く。その数年前、当時の堂垣内尚弘北海道知事ら道庁幹部が北海道と友好関係にあるカナダ・アルバータ州との交流でカーリングに触れ、冬の道民スポーツにと普及を考えるようになっていた。その結果実現したのが、元世界選手権者であるウォーリー・ウースリアクさんを講師に招いた第1回の講習会だった。このときの通訳の浦島久さんが、当時帯広市に住んでいた五島さんの友人だったため、翌シーズンに五島さんが浦島さんのチームに引っ張り込まれたのだった。80年の講習会は常呂町にカーリングが広がるきっかけにもなっており、今日、北海道がカーリング王国としての地位を築いた発端と位置付けることができる。

空知川スポーツリンクス

南富良野町落合は、かつて林業で栄えた山あいの地区で、十勝岳連峰に発する水脈がいずれ空知川と名を変える清冽《せいれつ》な流れとなって谷筋を下っていく。そういう汚《けが》れのない深い自然のただ中で、目黒はカーリングに夢中になっていく。

「その頃、石はぜんぜん届かなかったけど、氷の上で滑っているのが楽しかった」と述懐するように、あくまで最初は子供の遊びの範疇《はんちゅう》で。翌シーズンにはビニールハウスの覆いが施され、少しだけ快適になった。

その頃、寺田桜子は釧路市に住んでいたが、アウトドアスポーツを通して両親が目黒夫妻と友人だったため、目黒の自宅に何度か一家で遊びに来ていた。そんな機会のどこかで寺田も目黒家自家製シートの上に乗ることがあった。そして94年の春、父親の秀三さんが脱サラして落合でアウトドア会社を立ち上げることになり、4年生になる寺田は南富良野町立落合小学校に転校。わずか4人のクラスで目黒らと友情を育てていく。その中には07年の日本選手権を制した山口剛史もいた。まだカーリングのほんのさわりを体験しただけだった寺田は、目黒に冬はカーリングが楽しいと聞かされ、ほのかな期待を膨らませていく。

五島富恭さん（左）と目黒夫妻

冬になると、空知川のすぐそばにある製材所だった建物を改装して、町のカーリングホールが整備された。当初はゲートボール場になる予定だったものが、カーリングの取り組みを応援する人が増え、計画がひっくり返ったのだった。町協会も設立されたのは子供には関係のない話だったが、体制が整う証だったし、手作りとは違って平らな氷面の施設のできたことが、何より子供たちにはうれしかった。山口らと新しくカーリング仲間の一員になった寺田は「氷の上に乗れることやスイーピングの動作が単純に面白い」と変わった遊びの深みにはまっていった。小さな学校だから全員が仲良しだったが、特に気が合ったのが目黒だった。その頃の自宅から何十歩かのホール通いは、大好きな目黒がそばにいることも手伝って、ほぼ毎日の習慣になった。二人はいつも一緒だった。そういう時間を共有するうちに「萌絵ちゃんの気持ちが一番分かるのは桜子だし、桜子の気持ちが一番分かるのも萌絵ちゃん」（寺田の母・伸子さん）いう関係を将来に渡って育んでいくのだ。

そのシーズンの3月、「常呂町で大会があるから出てみようか」と思い立ち、目黒、寺田、山口、1学年上の男子の四人で男女混合の「落合ＫＩＤＳ」を組み、「ホクレンカップジュニアカーリング」に出場した。「お泊りができるのがうれしい」（寺田）といった遠足気分だった。結果は惨敗。だが、阿部晋也コーチや長野オリンピックで人気者になった敦賀信人がメンバーで優勝したアイスマンの強さや整った環境に驚き、刺激を受けた。

そして、小学5年になった翌95—96年シーズンには目黒三姉妹と寺田らで女子だけのチーム「空知こざくら」を結成する。名前は空知川水系などに生息するサクラソウ科の多年草「ソラチコザクラ」にちなんで目黒の父の義重さんが付けたものだ。義重さんは、ソラチコザクラが環境の変化に押しやられ、既に落合周辺では目にすることができなくなっていることに胸を痛めていた。その淡い紫色の楚々《そそ》とした姿に娘たちをだぶらせ、「可憐で清楚に健気に咲いて、人々の心を和ませるように」との願いを託したのだった。「空知こざくら」は五島さんや義重さんの指導で着々と実力を上げ、試合に勝ちたい気持ちを膨らませていく。12月に出場した北海道ジュニア選手権で小野寺歩、林弓枝らのシムソンズに続いて準優勝。2月の日本ジュニア選手権でも3位に入るまでになった。

空知川スポーツリンクス管理人の紺野義雄さん

このシーズンを境に空知こざくらは全道、全国のジュニア公式大会の常連に成長していく。小学6年の96—97年は道ジュニア2位、日本ジュニア2位、中学1年の97—98年は道ジュニア2位、日本ジュニア3位、中学2年の98—99年は道ジュニア2位。大きくなったら一緒に試合に出たいという希望を持って子供たちの成長を楽しみにしていた敏子さんは、「それなのに強くなっちゃって、自分たちのチームが大事だから一緒にはやってくれなくなりました」と、我が子の姿を少しばかりの寂しさと大きな喜びをもって受け止めていた。

勝利への欲求が高まるにつれ、練習にも熱が入るようになる。二人とも小学でバドミントン少年団、中学ではソフトテニス部にも在籍していたが、冬場は学校やそれらの練習が終わればホールへ直行。夕食を済ませれば、また午後7時から9時までホール、というカーリング漬けの生活が当たり前になっていった。遊びのカーリングから競技のカーリングへの変化が始まっていたが、子供がそんな窮屈なことを意識する必要もなく、「町内リーグ戦で大人とプレーすることもできて、苦になることはまったくなかった」（目黒）というように、カーリングというものを心底楽しんでいただけだった。

目黒には、カーリングのほかにもう一つ大切なスポーツがあった。小学6年の頃から父の義重さんに倣《なら》って始めたカヌーのスラローム競技だ。この競技は、川の急流を下りながら旗門をくぐり抜けてタイムを競うもので、自然の力に飲み込まれそうになる恐怖を味わわなければならない。ところが、男子でも躊躇《ちゅうちょ》するようなそんなスリルに小学生の女の子が胸躍らせた。スタート直前の秒読みのたびに怖くて、いつも辞めようと思いながら現在まで続けてきた。毎日のように川に通い、雨で増水すれば、義重さんと二人で体をウズウズさせた。「カーリング以上かも知れないというほど」（義重さん）の入れ込みようだったから、腕前はめきめきと上がっていった。これまでに、年間8戦ほど行うジャパンカップで最高8位、北海道内に強敵がいて国体出場は果たせずにいるが、北海道予選で2位を2回経験している。目黒自身も「カヌーは好きです」と目を輝かせている。

中学3年の99―00年は空知こざくらにとって一つのエポックメーキングなシーズンとなる。きっかけは、目黒三姉妹の長女麻耶さんが高校3年になり、大学受験が忙しくなったため、スキップを目黒に交代したことだった。布陣はリード未樹さん、セカンド麻耶さん、サード寺田、スキップ目黒に組み換えられ、目黒と寺田が能力を開かせていく。バックエンドを任された二人は息の合ったコンビネーションが見事で、未熟であってもしっかり作戦を立て、チームに新しい力を吹き込んだ。目黒はプレッシャーに動じないプレーがスキップ向きだった。ユニークな発想とちょっと抜けたところがあるという性格は、多くの関係者が口にする目黒評だ。義重さんは「カヌーの経験が勝負強さにつながっていると思います」とも話した。一方の寺田は、誰とでも仲良くできる優しさと面倒見の良さが、目黒とのコンビネーションを際立たせた。母の伸子さんは「選手として立ち直りが早いと思います。子供の頃から、しょげることがあっても『次頑張ろう』と仲間を励ますような考え方をしていました」と話す。強さを増した「新生」空知こざくらは、道ジュニア選手権に初めて勝ったのに続いて、日本ジュニア選手権にも優勝してしまう。前年まで4連覇していたシムソンズがジュニア大会を卒業し、それを引き継ぐ形で獲得した日本ジュニアタイトルだった。それは、義重さんの目に「ワンランクアップした。萌絵と桜子ちゃんが本気にカーリングに取り組むターニングポイントになりました」と映るような出来事だった。寺田は思い出す。

「地域の人がすごく喜んでくれて、全国大会に出場するってこういうことなんだと知って、カーリングに対する高い意識がどんどん芽生えていきました。日本一になったときは、日本の代表選手ということは、それだけたくさんの人が協力してくれているのだから、それに恥じないプレーをしなければと思いました」

そして臨んだ世界ジュニア選手権。カナダ、スウェーデン

などの強豪が居並ぶ大舞台だ。だが、予選の序盤で、クロスゲームを制してスウェーデンを撃破してしまう。決勝トーナメント進出を懸けたアメリカとのタイブレークには負けるが、5位という立派な成績を収めた。「特にスウェーデン戦はすごい試合でした。今まで井の中の蛙だと思っていたので、ビックリするような強さを感じました。秘めた力があるんじゃないかと。無欲の結果だと思います。あの大舞台で実力以上のものを出してくれました」。義重さんは、そのときのことをそんな強烈な印象とともに振り返った。

義重さんの印象通り、このときの経験は二人の意識を一歩前へと進めた。カナダで初めてフジ・ミキコーチによる一流の指導を仰いでいたことも刺激になっていた。今までは楽しくやっていたが、そうじゃない。苦労も増える。今まで許されていたミスは、そのまま失点や負けにつながる。今まで良しとしていたショットも細かく詰めればまだまだであり、自分で良いと思ったショットもそれ以上のショットが返ってくる。目黒はカーリングの厳しさと奥深さが初めて理解できた気分を味わっていた。

翌00—01年シーズンは、目黒が富良野高校、寺田が旭川北高校と、別々の学校に進学したが、カーリングの練習は同じように続いていた。寺田は下宿先の旭川市から週末には戻って練習に打ち込んだ。走り込みも怠らなかった。その結果、「決勝で苦しい試合を逆転勝ちして、すごく嬉しかった記憶がある」（目黒）日本ジュニア2連覇があり、世界ジュニアで予選突破の4位獲得に結び付いた。前年を上回る好成績。だが、眼前の壁は高いのだという、のしかかって来るような圧力も、よりはっきりと二人の皮膚を伝ってきた。「勝ち星を重ねて予選を突破できたのは感激でした。けれども同時に、トップのカナダやスウェーデンにはまだかなわないなという、歴然とした世界との差は感じました。ただ、当時は前向きさが不十分だったので、じゃあどうすればいいのかとはなかなか考えられませんでした」（目黒）。「日本ではトップでも世界ではまだまだなんだと思い知りました。スウェーデンやカナダは安定した技術を持っていたし、体力的な差もありました。そう言う意味で私たちはもっと練習し、もっと体力を付けなきゃいけないと思いました」（寺田）。漫然とやっていてはダメなんだと気付かされて以降は、勝つことが簡単ではなくなって、負けが続くようにもなる。02年1月の日本ジュニアは、本橋麻里率いるマリリンズの快進撃にも遭い、3位に止まった。

そして、高校3年になった02—03年シーズンは、受験の

ため活動をいったん休止させる。このとき、二人とカーリングの関係は岐路を迎えていた。次の年、進学で二人の住むマチが離れればチームは解散せざるを得ないだろうし、場所によってはプレーすることすら覚束《おぼつか》なくなる。目黒は、カーリングよりも大学を優先して考えており、もしかしたら今まで通りにはカーリングをできないかもしれない、と感じていた。寺田は旭川の教育大に進み、落合に通ってカーリングを続けられればと思っていた。そんな5月か6月、目黒宛に一本の電話が入る。ミキコーチからだった。「青森でカーリングを続けないか。小野寺と林のチームがトリノを目指している」。目黒の脳裏で何かが小さく飛び跳ねた。さっそくこの話を寺田にすると、寺田は「すごくうれしくて、すぐに青森に行きたい」気持ちになった。その後で、目黒は小野寺歩からも電話をもらった。これまではあまり話したこともなかったオリンピック選手と会話していること自体うれしくて、信じられないような感覚があった。チームが何を目指すか、青森の生活の状況は、大学との両立は可能か、などの様々なことを教えてもらい、心配することはなくなっていた。「大学にも行けてカーリングも続けられる。まずは4年間がんばってみよう」。チャンス到来に気持ちが固まってしまえば、二人に必要なことは、しっかりと受験勉強することだけだった。

そして、トリノオリンピックまでの3年間が過ぎた。目黒は、トリノが終われば必然的に自分の身に起こる進退の問題を、トリノを目指していたときからずっと考え続けていた。

「でも、その頃はトリノのさらに4年後のことは想像できなくて、ずっと保留になっていたんです。悩みに近いくらい考えていましたが、結局分からなくて。トリノが終われば、そのうちはっきりして来るだろうと思っていました」

トリノでは、すべて戦い終えた後の閉会式までの間に時間があり、ホテルの部屋で寺田と長い時間をかけて話し合った。帰国後は以前にカーリングについて書いた自分の文章を読み返したりして、自問を繰り返していた。そうして日常の時間を過ごすうちに、次第に気持ちは4年後に向かうようになっていた。トリノでの自分のプレーはとても満足のいくものではなかった。一番は強い気持ちを出せなかった精神面だ。技術を発揮するには精神力が要る。実力を上げて、それを表現できる精神力を付けたい。これを途切れさせてはいけない。小野寺さんと林さんが作ってきた良いチームがある。

体の奥の方から「今度は自分たちの世代がチーム青森を引き受けるのだ」と囁く声を聞いて、目黒の心身はキリリと引き締まった。

寺田は、トリノを終えるまではその先のことはまったく考えられなかった。最後のスイス戦を終えた次の日、日本国内のカーリング熱の高まりや自分たちの健闘を称える声を伝え聞き、オリンピックの影響力の大きさを驚きつつも、周囲の高い評価には違和感を覚えていた。その胸のつかえを抱えたまま日本選手権を戦ったが、調子の悪い中で小野寺と林がリードしてくれて優勝を果たすと、先輩二人が次の道を残してくれたんだ、最高のプレゼントをくれたんだと、すんなり思えるようになっていた。「そこではっきりバンクーバーを目指すことを決めました」。しっかりした口調で、そのときの気持ちを語った。

JPN
KOR

DyDo

B キユーピー 1 2 3 4 5 6 7 8 9 10 11 TOTAL
TPE 0 1 0 0 0
JPN 1 0 2 3 1
C 1 2 3 4 5 6
CHN 0 0 1 0 0 2
NZL 0 0 0 0 1 0

DICK'S
IRIS

Allied
1 2 3 4 5 6 7 8 9 10 11 12 13 14

Curling Classic

D 1 2 3 4 5 6 7 8 9 10 11 TOTAL
DyDo

TOTAL
CHN
NZL

MOTOHASHI
JAPAN

Team Aomori
チーム青森

寺田桜子

Sakurako Terada

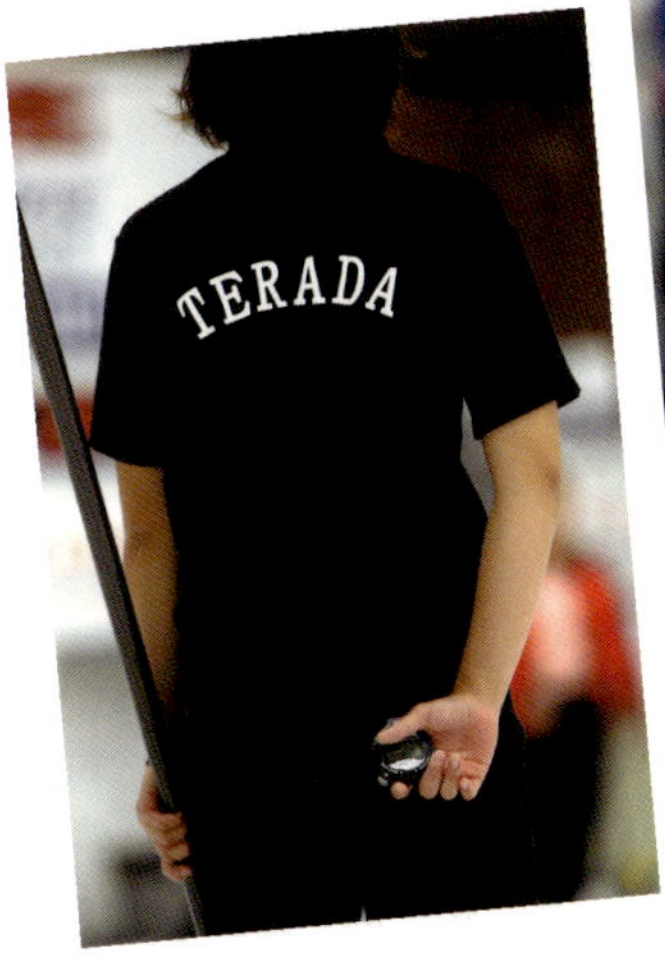

山浦 麻葉

Mayo Yamaura

Team Aomori
チーム青森

本橋 麻里

Mari Motohashi

AOMORI CURLING CLUB 1986

Team Aomori
チーム青森

目黒 萌絵

Moe Meguro

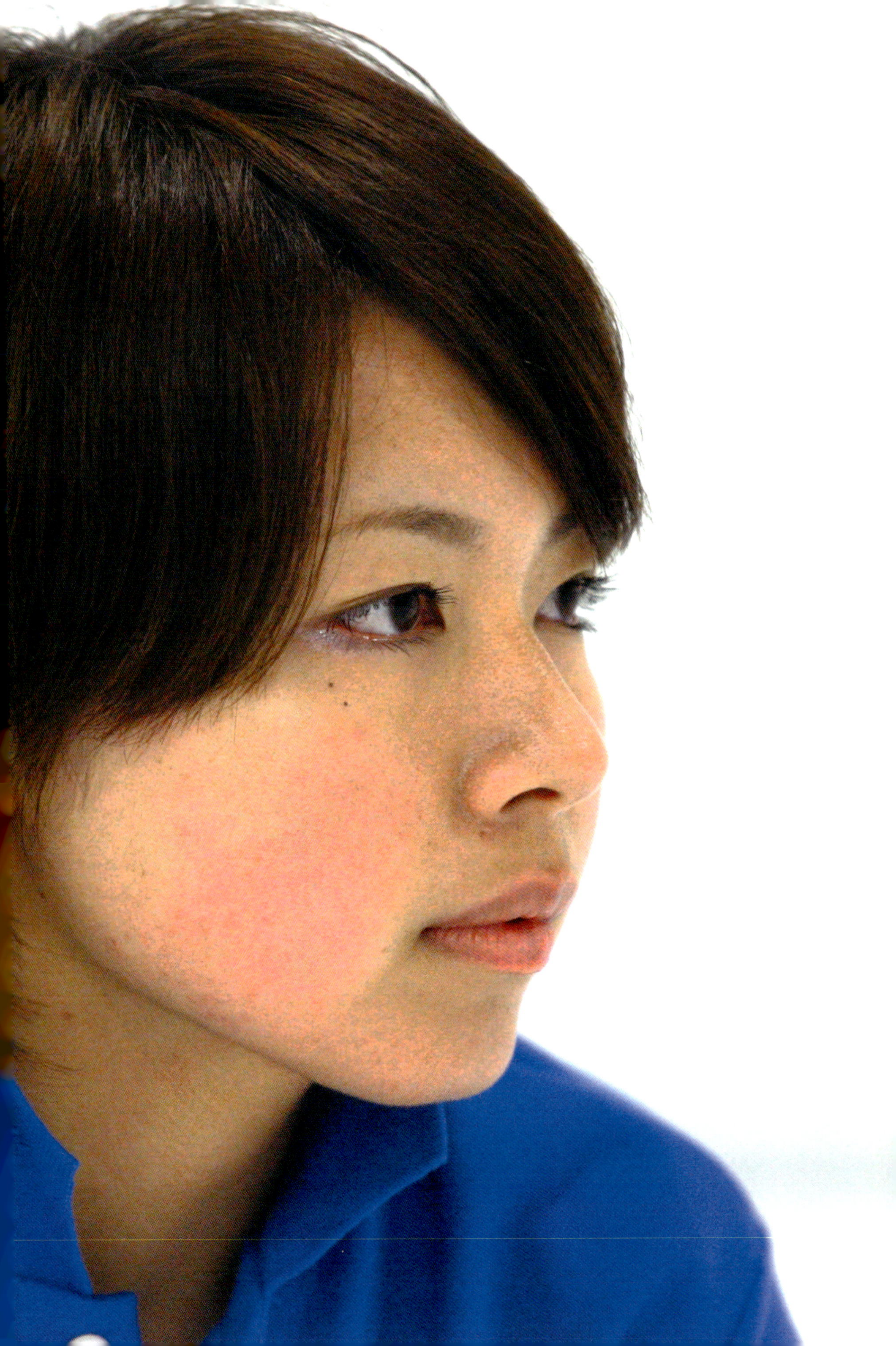

本橋麻里のルーツをたどる

本橋麻里は、外を駆け回るのが大好きな、常に体からエネルギーを発散させているような子供だった。その快活さはスポーツへの適性となって表れ、小学校で部活動をしていた陸上競技では、走り幅跳びや走り高跳びの種目で地区予選を勝ち抜き、5、6年と全道小学生陸上競技選手権に出場。冬になれば、近くのリンクに行ってスピードスケートに興じていた。

そんな本橋にも、近くの施設でカーリングというスポーツができることは分かっていたが、やってみようという気にはなっていなかった。ところが小学6年の冬のある日、ひょんなことから友達に誘われるままに体験してみたことが、すべての始まりとなる。「ほかのスポーツとは全然違う。思っていたよりも不思議な魅力があるな。それに難しいという感じがしない」。氷の上で石や自分の体を滑らせる新鮮な感覚が、皮膚を伝って身体の隅々へ浸透していくのを感じ、本橋は楽しいと思っていた。

ほかの子供とは違う動きをする本橋に対し、原石を見つけたという思いで視線を送っていた人物がいた。北見市と合併する前の旧常呂町にカーリングを持ち込む一声を上げ、初代の常呂町カーリング協会会長も務めた小栗祐治さんだ。小栗さんは小学生の指導を熱心に行っていて、その目に映ったのが「この子は天性のものを持っている」という印象だった。すぐさまスカウトの声を掛け、小栗さんと本橋のマンツーマン練習の日々が続くことになった。本橋のプレーはすぐに、周囲で見ている多くの人の目にも留まった。阿部晋也コーチの父で、日本カーリング協会競技委員長を務め、最後の常呂町助役でもあった阿部周司さんは「誰が見てもセンスのいいことが分かる天才肌なところがありました。選手として光っていた。だから指導者はみんな教えたくなったものです」と当時を振り返る。優しく見守っていた阿部さんは次第に、本橋がカーリングに行き詰まったときの相談役、本橋にとっての大切な心の支えになっていく。

河西建設チーム監督だった藤原至さん

常呂町にカーリングの風が吹き込まれたのは80年のことだ。ウォーリー・ウースリアクさんによる指導者講習会に池田町会場で参加した小栗さんが「これは面白い」と考えを巡らし、当時、町住民活動係長だった阿部さんに活用の話を持ちかけた。阿部さんは、仲間とビールのアルミケースやプロパンガスのボンベにコンクリートを詰めたストーンを手作りし、ともかく体験してみた。「町民スポーツにもってこいだ」と思い、さっそく町協会を設立。熱心な働きかけが町民に受け入れられて次第に愛好の輪が広がった結果、88年の国内初の専用屋内ホール建設に結び付き、優秀なカーラーを輩出するに至る。本橋がカーリングに出合った99年頃には、上の世代に小野寺歩、林弓枝のほか、同じシムソンズでソルトレークオリンピックに出場した加藤（現姓関和）章子さんらの先輩がいて、切磋琢磨できる良い環境が整ってきていた。

中学1年の99—00年シーズンになると、2年後輩の仲間と作ったチームの態勢も整い、長野オリンピックに出場している町職員の近江谷好幸さんにも指導を仰ぐようになる。近江谷さんは、そのときどきに必要な練習メニューを与え、時間が空けばフォームなどの基本の指導もした。

阿部周司さん（左）と近江谷好幸さん

「フォームがきれいだし、体がしっかりしているので、同世代の選手の中で抜けている感じがしました。その頃からよく見てくれていたフジ・ミキコーチも『あの子はすごいね』と言っていましたよ」。近江谷さんも当時の本橋について、そんなふうに話した。

中学の部活動ではバスケットボール部に入り、1年からレギュラーになるほどの活躍をしていた。そのハードなトレーニングがありながら、カーリングとの両立を「楽しかったので全然苦にならなかった」という奔放さで軽々とこなしたのだった。バスケの練習が終わった午後6時頃にホールに直行。10時の閉館いっぱいまで一人で練習を続けることもあった。母が夕食を済ませていない娘に弁当を持って来たりもし、両親は「陰ながら支えてくれる」（本橋）存在となっていた。

このシーズンに北海道ジュニア選手権4位、日本ジュニア選手権3位になった本橋率いるマリリンズだったが、その名が最初に全国的な脚光を浴びたのは、中学3年になっていた01—02年のことだ。そのシーズン、北海道ジュニアを突破したマリリンズは、青森市で行われた日本ジュニアに駒を進めていた。ここでも順調に勝ち上がり、決勝に進出。相手は常呂町の先輩チーム、

スーパーラヴァーズだ。スーパーラヴァーズは優勝の最有力候補であり、マリリンズは予選を通して負け続けてきた相手だった。周囲には「10回中8回か9回負ける」マリリンズに勝ち目なし、との空気が流れていた。だが本橋には、戦う前から負けを認めるつもりは毛頭なかった。「こちらにプレッシャーはありませんでした。確かに相手は強かったですけど、勝つためにゲームをするという気持ちは今と変わりありませんでした」

そして、大番狂わせのマリリンズの優勝。続く世界ジュニア選手権は1勝8敗で、ロシアと並ぶ最下位の9位だったが、本橋はスポーツマンシップアワードを受賞した。松平斉之常呂カーリング協会会長が「この年は本橋の実力が開花したときだった」と語ったものだ。

四人が一体となってゲームを組み立てていくカーリングにおいて、チーム編成は時に難しさを伴う。タイミングが合わなかったとき、行き場を失う選手が出てしまう。本橋の場合もそうだった。高校に進学し、年齢の異なるメンバーと生活時間がずれてしまったことで、マリリンズは解散を余儀なくされた。畑正憲さんのテレビ番組を観て獣医を志し、熱心に勉強していた英語が生かせると飛行機の客室乗務員に憧れたりもしていたから、カーリングは辞めることだってできた。だが、本橋は諦めなかった。試合に出られない不安を抱えながらも一人、黙々と練習を続けた。それでも本橋の場合は、悲壮感とは無縁だ。カーリングが楽しいからやりたいんだ、という明快な声を胸の奥の方から聞き取ったなら、それに素直に従ってみる。その頑丈でしなやかな意志こそが、本橋麻里の強さを形作ってきた。

高校2年の夏になって、その連絡は入った。隣町の北見市にある河西建設チームからの誘いだ。当時の監督の藤原至さんが五人目の選手を探して阿部さんに相談し、阿部さんは本橋を推薦した。藤原さんは以前に本橋を見て良い選手だと思っていたし、阿部さんは良い環境で活躍させてやりたいと、本橋のことを案じていた。阿部さんからの電話を受けたときの本橋は本当に嬉しくて、瞳からは涙が止まらなかったという。好きなカーリングをもう一度することができる深い安堵感が全身を包んでいた。

河西建設チームでの本橋は、藤原さんの目に、その前向きな姿勢がはっきりと映っていた。「うまくなりたい、好きだという気持ちがよく分かりました。自分のチームがない状態でも一人で練習を続けた気持ちとつながっていると思いました」

本橋が加入した河西建設は03年11月のパシフィック選手権に優勝し、04年4月、スウェーデン・イエブレで行われた世界選手権に出場。藤原さんはリザーブの本橋を第2戦でリードに起用してみることにした。「本橋をオールラウンダーと見ていたので、誰かが調子を落としたときのために早めに出して慣らせようとしたんです」。そうしたところが、「すばらしく良かった」ために次も、次も、と使うことになる。チームの

結果は予選通過のならない7位で、総試合数は9。本橋は結局、初戦以外の8戦に出場してしまった。

「ショット率が良かったんですが、それ以上に数字では表せない部分、何と言うか、感覚として精度が良かった。勝負する意識が体の動きに出ていました。調子も良かったし、才能も発揮された。初めての世界選手権に出られる喜びやカーリングを愛する気持ちが緊張より先に出たんじゃないでしょうか」。藤原さんは、そんなふうに話した。

04年、高校3年になると、本橋にも進路の問題が降りかかってきた。高校に進学したときと同じように、カーリングを続けるか否かの壁にぶつかった。別のやりたいこともあって、カーリングは辞めようかなという考えも頭をもたげていた。そんな時、本橋は阿部さんに何度か相談している。

「英語を勉強するのに留学をしたいんです。でもカーリングもできたら…」

本橋の可能性を無駄にしたくないと考えていた阿部さんは、先に小野寺歩と林弓枝を送っているチーム青森のことが頭にあった。

「それなら青森がある。やってみるか。オリンピックに出られるかもしれないぞ。英語を勉強できるミッション系の短大もある」

「やりたい！」

阿部さんは、即座にチーム青森の佐藤健一チーム代表に打診した。世界選手権での本橋のプレーを見て「良い選手だ。欲しいけど無理だろうな」と思っていた佐藤チーム代表にとっても、これは願ったりかなったりの話であり、事はトントン拍子で進んでいく。「少し強くなっている自分がいて、その中で新しい道が開けたので、喜びというより次へ向かう気持ちの切り替えができました」。本橋のカーリングへの思いが、胸の中でコトリと音を立てて、一つ前の方へ動き出していた。その秋、小野寺、林、目黒、寺田によるチーム青森のカナダ合宿には、もう既に、本橋の晴れがましい顔も加わっていた。

それから1年半が経過し、トリノオリンピックから少し経った頃、本橋は引き続き、バンクーバーオリンピックへと続く道の途上にいた。だが、そうと自分に結論を下すまでには、時間を要した。両親には幾度もアドバイスをもらい、いつも最後は「あとは自分でじっくり考えなさい」という言い方で背中を押してもらった。

そんな時大切だったのが、どうなるか分からない先のことよりも目の前の目標に一つ一つぶつかっていこうとする姿勢だった。それは悩み多きジュニア時代の経験からつかんだものだ。子供の頃は、一足飛びに課題をクリアできればそれに越したことはない、それが一番だと思っていた。だが、いつしかそれではいけないと気が付き、考え方は変わっていった。

「自分ではずっと先のバンクーバーのことはそんなに意識していません。今できることを客観的に見ながら強くなっていきたい。小さな目標から一つずつです」。そう考えることで、自分の足取りは確かなものになるはずだ。

「それに」と本橋は言う。

「バンクーバーにこだわりはなくて、周囲に言われて目標にするものでもない。自分としての次の目標を見つけることができたので、それを達成するために、みんなと一緒に競技を続けたいと決断しました」

そして今、後に続くジュニア選手のためにも、カーラーとしての新たな道を切り開きたいと考えている。他の人気競技と同じように、スポンサーの付くスポーツだと認められるようになったらすばらしい。いずれ、自分に目を向けてもらえたらいいな。

「自分がいるべき場所はどこか、どうしたら一番輝けるか分かっているから」。静かに抱く本橋の闘志の炎が、ちらりと揺らめいた。

山浦麻葉のルーツをたどる

山浦麻葉は、空手、陸上競技、吹奏楽、書道などを多彩に取り組む、好奇心旺盛な小中学校時代を過ごした。たくさんあった興味の対象の一つとして、小学5年でカーリングを始めた時のことは、よく覚えていない。「母親が言うには、土曜、日曜が休みになり、通っていた御代田南小の呼びかけで、第2、第4土曜日に始めたみたいです。そしていろいろあったスポーツ少年団のうち、カーリングを選びました」

山浦の地元、長野県御代田町は、避暑地として有名な軽井沢町の隣にある県東部の静かな町だ。地形が全体として南側に開いているから か、明るい陽光が射し、北に顔を向ければ、浅間山がどっしりと裾野を広げて鎮座している。山浦は、この御代田町にできたばかりのカーリング少年団に入り、できたばかりの専用ホールでストーンとブラシを手にした。初めは月に数回程度のほんの気軽な気持ちで。それが、いつしかすべてのことに優先する、人生の最大関心事になっていくのだが。

最初は、そして10代の頃はずっと、カーリングでなきゃ、というこだわりはなかった。それでも好きで、やるなら勝ちたい、という気持ちだけは、ずっと持ち続けていた。

カーリングホールみよた土屋美喜子館長

中学卒業後、長野市にある長野工業高等専門学校に進んでいた山浦にカーリングホールみよたの土屋美喜子館長から電話が入る。「新しいチームでやらない?」。山浦のチームは高校受験を機に練習を休止し、自然消滅の状態にあった。山浦自身、長野市に移ったから、もうカーリングは辞めることになるだろうとぼんやり思っていた。そこへ突然の誘いの言葉。なぜだか、山浦は即座に「やります」と返事をしていた。

「やっぱり好きだったと感じたんです。もう一度やりたいと思いました」。山浦の額の裏側には、中学2年の時に予選で負けて日本ジュニアに出られなかった悔しさが立ち上がっており、勝たなければ引き下がれない、という負けん気の虫がざわざわと這い出していた。

チームの名前は最初、フラワー・フラワーと言ったが、スキップが抜けて、代わりに山浦がそのポジションに就いた高専2年01—02年シーズンの途中からｂｒａｖｅ(ブレイヴ)に変更された。この時代、県内のジュニア大会で好成績を挙げて10日間くらいのカナダ合宿に出かけたことがあった。その時のことを土屋館長は、こんなふうに振り返る。「こういうときに、どれだけカーリングに対して真剣か分かるものです。山浦には観光の浮かれ気分がなく、カーリングを好きな気持ちが伝わってきました」

カーリングへの意志をゆっくりと育ててきた山浦は、それを遂に捨て去ることをしなかった。ずっと持ち続け、自分の居場所を求め続けた。高専5年になった04―05年シーズンもそうだ。高専5年は最終学年であり、まず山浦は進路で悩む。カーリングは絶対的な優先事項ではなかった一方で、続行の道は探りたかった。仮に時間の作りやすい公務員になって練習するとしても、トップを狙うなら遠征などに支障が出る。カナダに留学してカーリングと英語を学ぶ道も考えたが、日本でできることも少なくないと思った。将来を考えるためにモラトリアムを得ようとすれば、大学編入がいい。そして、カーリングと両立できる環境を条件に弘前大も検討したが、最後は専攻分野の合致した群馬大を選んだ。

その次は活動の縮小していたｂｒａｖｅに代わるチームの編成に動いた。ｂｒａｖｅで一緒だった松村綾音と仲間を募った結果、ＧＡＬＬＯＰ（ギャロップ）結成に漕ぎ着けた。そして、このシーズンは「いろいろな人と出会い、世界観を変えてもらった」と言う山浦が、カーラーとしての考え方や成績を大きく飛躍させる年にもなった。

カーリングホールみよた

この頃、トレーニング場所を提供し、指導も買って出てくれたのが、長岡秀秋日本カーリング協会強化委員長の妻、長岡はと美さんだった。長岡さん夫婦は、経営する鉄工所の敷地内の倉庫をトレーニング施設に改装しており、山浦らを自重や器具によるウエイトトレーニングに誘った。ときには、「氷の上と違って、自分の技術を度外視できるから」（長岡はと美さん）とビデオを活用しながらの戦術面の講習会も行った。新しい知識をもらった上でのディスカッションは熱を帯びた。山浦の頭の中には、それ以前は曖昧だった場面ごとに取るべき戦術の全体像が見え始めていた。

同世代で一番影響を受けたのが、南富良野町で目黒、寺田と同級生だった山口剛史だと言う。高校卒業後、地元を離れた山口は、大学2年の04—05年シーズンだけは青森市で阿部コーチとチームを組んでいたが、それ以外の年は、軽井沢をカーリングの活動拠点にしていた。山浦とは03—04年の北海道学生選手権と06年夏の学生大会でチームを組み、優勝している。山口は山浦の印象を「カーリングに対して熱い考えを持っているなと思いました。話をしていて面白いです」と語った。山口は高校時代にラグビーで鍛えたトレーニングの手法を生かしながら、機会あるごとにカーリングのフォームや実戦でどこの筋肉を使うかといった、かなり突っ込んだ技術論を山浦に話して聞かせた。それはどうやら、パワーショットを重視する山浦のスタイルに色濃く影響を及ぼしているようだ。

長岡はと美さん（中央）とこどもたち

04—05年は、山浦が結果を出し、自信を深めるシーズンになる。年齢制限の変更を後で知ったことで、松村と別の経験の浅い選手ばかりのチームで戦った日本ジュニア選手権で2位。日本選手権はＧＡＬＬＯＰで出場し、6位に入った。

山浦は「日本ジュニアは予選を抜けられないと思っていたのに、自分の作戦が決まって決勝まで行けました。それまで3位が最高だったので、自信満々で地元に帰ったんです。一般チーム相手でも行けるだろうと思いました。ところが、日本選手権の対戦相手の戦い方はさらに違って、うまくいかなかった。その差に驚いたシーズンでした」と振り返った。

その上で「でも」と言葉を継いだ。

「以前は自分の手には届かないと思っていた日本のレベルを間近にして、自分がこうすれば、こういう試合をやっていけば勝てるんじゃないかということが、はっきりと見えてきてもいたんです」。このとき山浦の中で、カーリングのあるべき姿が少しずつ像を結んでいった。

　ＧＡＬＬＯＰでの2シーズンは、山浦にかけがえのないものをもたらした。人生の最優先事項ではなかったカーリングが、このメンバーとやるようになって、とことんやろうと思うようになっていたのだ。結束力も固く、松村は山浦について「年齢差関係なく、とても仲良くさせてもらいました。カーラーとして一番大事な存在ですし、他愛ない話も楽しかった。今でも時々電話をしています」と親愛の情を満面の笑みに溢れさせた。世界を目指す山浦を激励とともに送り出し、06年11月のパシフィック選手権には旧メンバーがそろって応援に駆け付けたものだ。

　05―06年シーズン、ＧＡＬＬＯＰは関東中部選手権で4位となり、トリノオリンピック直後の日本選手権出場を逃した。そこで山浦の取った行動が面白い。土屋館長らに「どうしても日本選手権を見ておきたい」と長野県から出場するチームに帯同する方法を相談したのだ。土屋館長は、自分の率いるチーム御代田のリザーブに入ることを提案する。しかし、山浦は「選手としてではなく、もっと客観的に見たい」と希望し、結局、チーム軽井沢のコーチという立場で行くことになった。そんなふうにして、トップ選手たちを観察しようとしたのには、きっと狙いがあった。青森での山浦は、オリンピック代表であるところのチーム青森のプレーを目で追い、阿部コーチや選手にさまざま話を聞いていたという。土屋館長は「このときの交流がチーム青森に呼ばれるきっかけの一つだったのではないでしょうか」と振り返る。

　そして2カ月後。阿部コーチから正式なオファーが来る。「表には出さないが、秘めた意地を持っている」（土屋館長）山浦が悩んだのは自分のプレースタイルがどう生きるかということだけであり、1週間後には「強くなるために本当に良いメンバーだと思ったチーム」で世界を目指す意思は固まっていた。

山口剛史さん（左）

　カーリングというスポーツは、日本では競技として未発達で、選手がキャリアを積み重ねられるモデルが確立していない。専用ホールは日本中を見渡しても限られた地域にしかなく、競技を続けたいと思えば進学先の選択肢は極端に少なくなる。卒業後の道はさらに狭まる。社会的認知度が上がるとすればこれからだから、一部の競技で見られるような実業団チームなどの受け皿がある訳でない。ましてや、スポンサーが付いてプロ活動をできるほどの現状にも

山浦に続く、ジュニア選手

ない。生活を考えたとき、ほとんどの有力な選手は結果を残していても進路に行き詰まり辞めていく。小野寺と林が青森県文化スポーツ振興公社の嘱託職員という行き先を見つけられたのは、特別の計らいとタイミングの合致があったからに他ならない。　こういう厳しい環境の中で、チーム青森の四人は、競技者としての現在の立脚点を獲得した。偶然と必然。ひたむきな努力が機会を呼び、機会が覚悟を生む。さまざまな巡り会いに自身の意志が絡み合いながら、カーラーとしての大きな目標に向かって上昇を続けている。予定調和の競技人生なんて、と考えているのだろうか。どんなことが起こるか分からない未来を受け入れ、ぶつかっていこうとする意志がそこにはある。道はまっすぐでない方が面白い。

　カーリングの本場カナダが生んだ代表的な作家、L・M・モンゴメリーは、名作「赤毛のアン」の最終盤で、主人公アン・シャーリーにこんなセリフを言わせる。育ての親、マリラ・カスバートの病気を気に病み、大学進学をあきらめて慣れ親しんだグリーン・ゲーブルズで2人暮らしていくことを決心した際に、マリラに向かって切り出した言葉だ。

『……クイーンを卒業したときは、未来がまっすぐな一本道のように、目の前にどこまでものびているようだったわ。どんなことが起こるか、先のほうまで見とおせると思ったくらいだった。

　でも、今その道には、曲がり角があるの。曲がり角のむこうになにがあるか、今はわからないけど、きっとすばらしいものが待っていると信じることにしたわ。……』

（掛川恭子訳、講談社版）

世界選手権代表選考会（トライアル）

頬を撫《な》ぜる冷気が切迫した心理に呼応するように冴え冴えとし、熱い身体がピクリと反応した。戦況は風雲急を告げ、もはや、チーム青森のメンバーは全身が鋭敏な感覚器になっている。さっきよりストーンが走り出したか？　いや、こっちのラインはそうでもない。時々刻々と変化するアイスの状態を感じ取り、それに支配されるストーンの動きを読み解こうとする。そのために、気温や湿度の変化も参考になる。外気や観客の熱気で影響を受けるし、冷却機の音が止まればいずれ氷温は上がっていく。アイス表面に粒状に付いたペブルのでこぼこが削り取れてきたり、霜が張り付けば、その部分は滑りが悪くなる。

そんな判断を適切に下した時、正しいラインとウエイトのイメージが浮かび上がってくる。投球を始めようとする今、ハックからスキップの示すブラシの位置までをつなぐ一本の糸を脳裏に描く。前方の三人も同じものを見ているはずだ。ハックを蹴って滑り出す。自分の身体一つと手にしたストーンが糸の上から外れていないか。ウエイトは出過ぎていないか。リリースではストーンの進行を乱す力を加えていないか。アイスを踏む足の裏に、風を切る上体に、伝わる運動の皮膚感覚は全身を伝播していき、最後は手指の先から離れ、ストーンに託された。

２００６年12月、世界選手権代表選考会。新生チーム青森には、日本女子代表としての戦力強化に抜かりなしと示すことが求められ、本拠地である青森市で翌年3月に開催されるビッグイベントを、指をくわえて眺めるという訳にもいかなかった。一方、対戦相手のチーム長野も1年と1カ月前のトリノ代表を決めるトライアルで敗退し、3月の日本選手権でも決勝で力及ばなかった相手に、強烈なリベンジの気持ちを持っていないはずはない。固定したメンバーでやってきたチームがどこまで仕上げてきているか。負けの許されない重圧と見えない不安を抱え、しかし、チーム青森は、06—07年シーズンの重要な戦いに勝ち切った。結成からわずか半年であり、氷上にはトータルで2カ月も乗れたかどうかという短い期間のうちに急速にチーム力を向上させてきた、会心の勝利だった。

競技者の成長の瞬間は、一つの大会、一つのプレー、一つの言葉、あるいは無為の時間に不意に訪れる。トリノの後半戦で小野寺歩が見違えるようなスーパーショットを次々と繰り出したときもそうだった。前半戦、スキップである自らのミスが響いて負けを繰り返した。手強い相手ではないとみられたロシアやデンマークに敗れるなど1勝3敗。小野寺は「スキップを代わってもらいたい」と親友でもある林弓枝に

松平斉之常呂カーリング協会会長

訴えるほど自信を失っていた。試合後、常呂町や青森市から駆けつけた応援団の人々が顔を見せ、口々に温かい声をかけてくれた。その中の一人、松平斉之常呂協会会長は、小さな頃から見ている小野寺の心に隙が生まれているのを見て取った。

「挑戦者なんだから強い気持ちが必要だ。どんな相手にも星勘定をしているようじゃ、ソルトレークの二の舞になってしまうぞ」

次の日は試合がなく、チームメートと散策に出て気分転換することができた。時間は小野寺の心に変化をもたらし、後半戦の快進撃につながっていったのだった。

新生チーム青森は、不本意な成績に終わったパシフィック選手権からわずか1カ月間に見事に調整して見せた。急速な進化の途上にあることを関係者に印象付ける何かがあった。阿部周司さんは代表選考会の1週間後に「このチームは試合ごとに成長していて将来性がある。ユニバーシアードで勢いに乗れるよ。現状に課題はあるが、3月の世界選手権では期待できる」と語っている。

阿部晋也コーチは「パシフィック選手権後、選手は自分たちの実力を見詰め直す期間があり、今季の目標であるトライアルに気持ちを切り替えることができた」と語った。12月頭には常呂町入りして講じた強化策は、テーマを設けたシチュエーションゲームだった。プレッシャーのかかる中でのショットの選択判断。競っているときにいかに戦うかのプランニング。リードしている時に相手を突き放すキルショット。劣勢の時こそにいかに我慢できるか。「それまで強くは意識できなかった」と言う、局面を想定した練習を繰り返し、勝負を決めるショットを磨いた。それが、パシフィック選手権を「結果よりも大事なものがあった。次につながるステップになった」と振り返られるだけの好感触を呼び、激戦をしっかりと勝ち抜く原動力となり得た。

勝利の行方が右に左に揺れ続けた全5戦。天国と地獄の分水嶺《ぶんすいれい》は2度訪れた。1回目は第2戦の終盤だ。第1戦でリードしながらミスがあって勝ち星を挙げ損ねており、次を落とせばもう後がなくなるという大事な試合だった。にもかかわらず、「中盤まで気持ちを切り換えられずに」(寺田)、第7エンドの時点で3—6。第8エンドはラストストーンを持ってはいたが、このまま行けば負ける公算が高い状況だ。だが、目黒は冷静だった。点差は開いているが、ここで2点取れば1点差まで詰められる。3点差という数字は考えず、淡々と目標を設定して2点取りに行くだけだ。そう意識を仕向けると、失敗の恐怖や負ける不安は遠ざけることができた。そして、「ハウスにかかった本橋の石を生かそう」と投じた2発のショットは、いずれも最初に当てた味方の石で相手の石をはじき出し、しかもその味方をハウスに入れるという見事なレイズテイクアウト、すなわちランバック。的確な角度が必要なナイスショットを連続で成功させたのだ。

その勢いに乗った第9エンドを1点スチールして同点に追い付くが、それでも最終第10エンドは先攻。この時点でも、なお不利な状況は覆せていない。だが、こういう展開は、チーム青森にとって織り込み済みのことだった。パシフィック選手権後、意識的に練習に取り組んだ劣勢を挽回するプランだ。セットアッパーの寺田、山浦がフロントストーンを2個3個とためていき、3番手本橋が「8割くらいは満足できた」と言った、回り込むカムアラウンドと進路をふさぐガードショットでつなぐ。目黒も三人の用意した組み立てに応えるように、ナンバーワンを守るガードとナンバーツーになるドローショットを決めた。試合後、佐藤健一チーム代表が声をかけると、阿部コーチは「ハーフの時の打ち合わせ通りでした」と、あらかじめ対処の仕方を確認していたことを伝えたという。佐藤チーム代表は言う。「自分たちの足で踏ん張って、自分たちの作戦で長野と互角以上に戦えることが、ここで分かった。それまで、新しいチームのうちが長野とどれだけの力関係にあるか不明だったから、自信ができた重要なエンドでした」

2回目は第5戦の第8エンド。すべての決する最終戦の終盤に及んで、なお、前のエンドで追い付いたばかりという危ない橋を渡っていた。ラストストーンはチーム長野。だが、チーム青森は「ハーフ明け2ダウンくらいならチャンスはある」（阿部コーチ）と考え、焦らずに待っていた。そして好機は、主将の寺田を中心に確認し合ってきた「良いショットでつなぐ」意識の中で訪れる。寺田がガードとフリーズ、山浦がフリーズとガード、ともに精度の高いショットできっちりセットアップ。本橋は2投目のガードで狙いのラインを隠し切れなかったが、目黒は慌てなかった。タイムを取り、阿部コーチから「ナンバーワン、ナンバーツーを取る」と指示を受ける。1投目。左利きの目黒がインターンをかけたカムアラウンドは、センター寄りティーライン手前4フット円付近で手前・青森、斜め奥・長野と2つ並んでいた石にコツリと当たり、青森をわずかにナンバーワンへと押し上げる。プラン通りだ。2投目。1投目の石がセンター寄りティーライン手前8フット円付近にあり、続いてその奥4フット円付近に青森の石、さらに斜め奥に長野の石と、3つの石が並んでいる。目黒は1投目とほぼ同じラインで、今度はやや強めに投じた。そして、いわばレイズのレイズという3度の玉突きで長野をティーライン奥12フット円にかかるくらいまで押し出し、自分はティーライン奥センター寄り4フット円付近の青森のナンバーツーをほぼ隠す位置にわずかにロール。二つの目的をきっちり果たす100%に近いショットは、チーム長野のナンバーワン狙いを阻んだ。

こうしてチーム青森は、「チーム一丸となってまとまることができたおかげで」（寺田）、「一本待って、勝ちにこだわった」（阿部コーチ）粘り強いプレーが姿を現し勝った。ことさら目黒の締めのショットは見るべきものがあった。この大会のキーパーソンはあくまで最終投球者の目黒だと見ていた阿部コーチは、大会前も大会に入ってからも、ことあるごとに「ラストショットは一本で試合を変えられる力がある。強い気持ちで行け。それが勝利につながる」とハッパをかけ続けていた。目黒は、その期待に堂々と応えたのだ。大会を見守っていた小野寺歩からは「私より経験豊富だし、絶対に私以上のスキップになる」との最大限の賛辞が贈られた。

　スキップの役割を十分に果たした目黒には、どうやらプレッシャーに対応する精神面の変化が起こっている。カーリングの魅力を「経験や気持ちの強さが生きるところ」と話す目黒も、トリノオリンピックまで「プレッシャーがかかるとダメになってしまうところがあり、自分は向いていないんじゃないかと思うくらいの課題だった」と言う。だが、元々「プレッシャーに燃えるタイプ」（目黒の母・敏子さん）であり、鷹揚《おうよう》としたところのある目黒だ。いろんなことをひっくるめた経験とトリノ以降の目標が見つかったことで、今、プレッシャーを打ち消すだけの勝利への欲求を駆使してプレーできるようになっている。内面の葛藤や自省を繰り返すうちに、プレッシャーをプレッシャーとせずに手なずけられる心の有り様をものにしつつあるということか。目黒は言った。「トライアルでは、どんなときも冷静にかつ強気でいこうと思いました。5戦を通して、気持ちの乱れはありませんでした。難しいショットもやることは同じだと思ってショットに臨むことができました」

新生チーム青森、次の一歩

こうして、結成後最初の大きな成果を挙げた新生チーム青森だが、バンクーバーオリンピックまでの道のりは、まだ第一歩を踏み出したに過ぎない。これから真の強さを獲得するためにチームの全員が、自分の現在の姿と未来の姿の両方を見つめようとしている。

世界選手権代表選考会では、すべてが内容のあるプレーだった訳ではなかった。そこは選手自身が自覚的で、「満足できるものではなかった」と口をそろえる。山浦は「良い試合ではなかったと考えています。もっと格好のいいプレーをしたかったので、自分にとって悔いの残るトライアルでした」と語った。

今後、一層求められるのは、世界基準のプレーにどう立ち向かうか。ミスの極端に少ない高い精度のゲームを仕掛けてくる相手にナイスショットを繰り返されても、それをさらに上回るショットと戦略を繰り出さなくては勝利への突破口は切り開けない。そういう視点に立った時、目指すべきチーム像がほのかに見えてくる。阿部コーチはそれを「完成されたチーム」とシンプルに、高らかに表現した。「基本的なショットの精度を本当に高くした上で、もっと何でもできるチームにしたい」。静かに語ったその言葉に、カーラーとしての貪欲さをにじませた。

現代カーリングでは、女子の世界にもパワーを求める兆しが見え始めている。スウェーデンなどの強国が男子のスタイルに近い、パワーショットを組み込んだプランで実績を挙げつつあるのだ。もとより、繊細なタッチやコントロールの必要なカーリングだが、パワーを手にすることは大きな武器となる。戦況を一気に変えられるような新たな戦略が可能だし、同時に精度の向上にもつながる。阿部コーチはそんな時流を感じ取り「女子型を脱皮して男子のスタイルに近付けたいです。パワーが必要な展開でも十分戦えるようにしたい」とパワーへの対応を視野に入れている。

「それに」と阿部コーチは続ける。

「石の動きを全員が知ることです。さまざまな状況の結果生まれる石の動きを全員が知っていなければならない。やっていないことは分からないから経験は必要だし、石がどういうふうに動いていったかを検証してカーリングというものを理解させていきたい」

選手にもそれぞれの思いがある。目黒は理想のカーラー像に「どんな難しいショットも、ちょっとでも見えていれば決めてくる、偉大な人です」と、世界タイトルも取っているカナダ人選手、ケリー・バートニックさんを挙げた。本橋は「アイスの感覚が鈍い」と現在の自分に満足せず、カーラーとしての高みを見つめる。山浦は「格好いいプレーがしたい」と力強い自分の求めるスタイルと向き合う。「何かを得続けるチームでありたいし、プレーヤーでありたい」と話す寺田は、カーリングとともに成長することを願っている。

チーム青森のそれぞれが語る理想のイメージは、互いに重なり合い、絡み合いながら、少しずつ熱エネルギーを蓄えている。それが爆《は》ぜるときは、まだ少し先。それまで彼女たちは準備を続ける。

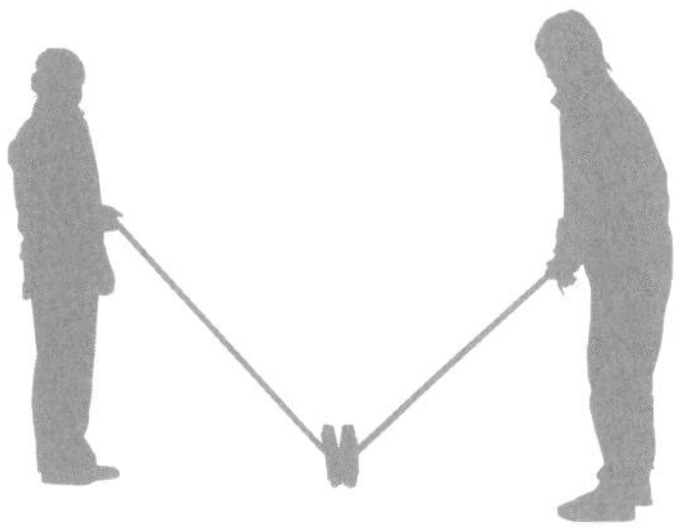

BECKER

南富良野町ジュニアカーリング選手権大会

貸切

SCORE

JAL
西武鉄道
キユーピー
Pacific Curling Tokyo
MIZUNO

MIZUNO

JAL

DyDo
Drink Message
DyDo

Mizuno
AOMORI CURLING CLUB 1986

MIZUNO

DyDo
Drink Message
KOR
CHN
JPN
TPE

DyDo
Drink Message
アイススケートリンク
北
NORTH
軽井沢ス

YAMADA
JAPAN
MEGURO
JAPAN

MABUCHI
JAPAN

YAMADA
JAPAN
TERADA
JAPAN
MOTOHASHI
JAPAN
MEGURO
JAPAN

PRESS

Pacific
Curling
Tokyo
MIZUNO

MEGURO
JAPAN
TERADA
JAPAN
YAMADA
JAPAN

JAPAN

TERADA
JAPAN

JPN

MEGURO
JAPAN

西武鉄道
JAL
MIZUNO

MOTOHASHI
JAPAN

JAL
JAPAN
MEGURO
JAPAN

M CHINA
S WATER STORE

CURLTV.COM
CURLTV.COM
your house online

SCORE 1 2 3 4 5 6 7 8 9
BROSSEAU

HORNING
TRAVELTYME RV WORLD
TEAM JAPAN
NIXON WENGER

2 3 4 5 6 7 8 9 10 11 12
1

ENCORE
SERVICES & PRODUCTION

CORWEST
FABRICATORS

"The friendliest place in town!"
VERNON MEN'S SENIOR CURLING
LUBBEN (Rmd)
PROTOCOL TECHNOLOGIES
SCORE 1 2 3 4 5 6 7 8 9 10 11 12

JAL
MEGURO

Beatty St

WALTHERS
MONKMAN
SEYMOUR PLUMBING
SCORE 1 2 3 4 5 6 7
ICE KING

LADIES SILVER STAR
OCT. 27-29

PROTOCOL TECHNOLOGIES

2006
VERNON CURLING
Classic

8-ENDER
8-ENDER

青森

JCA
JAPAN CURLING ASSOCIATION
社団法人 日本カーリング協会
2007年世界女子カーリング選手権大会
日本代表チーム選考会
主催 社団法人 日本カーリング協会

トリノ2006
Moe Meguro
Sakurako
Team Japan!
Ayumi Onodera

YAMAURA

Curling Girls

カーリングガールズ ～2010年 バンクーバーへ、新生チーム青森の第一歩～

2007年3月29日　第1刷発行

文・写真　高野 祐太
写真協力　江本 秀幸（グレアトーン）
（P1、10、49、53、56、58、60、62、89）

取材協力　青森県カーリング協会
常呂カーリング協会
南富良野カーリング協会
長野県カーリング協会

デザイン　有限会社 天河・熊澤 英俊

発行人　後藤　洋
編集人　岡田　勝

発行所　株式会社エムジー・コーポレーション
〒062-0935　札幌市豊平区平岸5条14丁目2-25　MG第2ビル
TEL.011-824-7511　FAX.011-832-7909
http://www.mgc-p.com

印刷所　凸版印刷株式会社

ISBN978-4-900253-31-5